本书受到国家自然科学基金青年项目（编号：71804015）、国家自然科学基金国际（地区）合作与交流项目（编号：71520107005）的资助。

基于公众沟通视角的中国核电项目公众接受度研究

郭跃　著

電子工業出版社
Publishing House of Electronics Industry
北京 • BEIJING

图书在版编目（CIP）数据

基于公众沟通视角的中国核电项目公众接受度研究 / 郭跃著. —北京：电子工业出版社，2020.2

ISBN 978-7-121-38364-9

Ⅰ. ①基… Ⅱ. ①郭… Ⅲ. ①核电工业—基本建设项目—公众—接受学—中国 Ⅳ. ①F426.23

中国版本图书馆 CIP 数据核字（2020）第 026813 号

责任编辑：杨雅琳
印　　刷：北京盛通商印快线网络科技有限公司
装　　订：北京盛通商印快线网络科技有限公司
出版发行：电子工业出版社
　　　　　北京市海淀区万寿路 173 信箱　　邮编：100036
开　　本：720×1 000　1/16　印张：12　　字数：121 千字
版　　次：2020 年 2 月第 1 版
印　　次：2020 年 2 月第 1 次印刷
定　　价：88.00 元

凡所购买电子工业出版社图书有缺损问题，请向购买书店调换。若书店售缺，请与本社发行部联系，联系及邮购电话：（010）88254888，88258888。

质量投诉请发邮件至 zlts@phei.com.cn，盗版侵权举报请发邮件至 dbqq@phei.com.cn。

本书咨询联系方式：yangyl@phei.com.cn，（010）88254697。

序

公共政策学的创始人哈罗德·拉斯韦尔（Harold Lasswell）在构建公共政策的学科设想时，曾提出“政策科学建立的目的并不仅仅在于加强能够提升效率的社会机制功能……而是人类尊严与能力的实现”。自拉斯韦尔于1951年建立政策科学以来，各个学科与流派纷纷参与到政策科学范式的塑造过程中，逐步发展出两种政策科学的研究路径：一是在经济学的路径下以“问题”或“政策”为研究对象展开科学分析，通过科学方法不断优化政策设计，挖掘政策设计在实现政策目标上的效果与效率，并以此提升公共政策的科学化水平；二是在政治学的路径下，挖掘公共政策议程设置、政策制定与执行、政策终结等环节背后的政治过程规律，往往以“人”或者“组织”为研究对象，通过探索政策过程中政策参与者互动与角色来理解公共政策与政治结构之间的关系。毋庸置疑，在公共政策的运行规律中，每一个人的观念与行为都发挥着各种各样的作用。然而，在过去的有关政策科学的研究中，公共政策研究往往将政策当成一个输出，关注相关政策主体如何通过互动影响政策，将人们的观念当作一个独立于政策系统的外生变量。在关注公共政策实现特定政策目标的同时，缺乏关注公共政策在培育公民中所发挥的作用。

基于这样的研究动机，郭跃博士尝试以我国核电领域的公众接受度为研究对象，探讨公共政策对于公众观念与行为的影响机制。当我们探讨科学技术的两面性时，核技术无疑是一个难以绕开的话题，也是诸多技术社会接受度研究中最难的一个领域。作为20世纪人类最伟大的科技成果之一，核能的发现与利用曾被认为将会带来人类能源利用史上划时代的进步。然而，广岛和长崎核爆、三里岛核事故、切尔诺贝利核事故一次次向我们展示出核能足以毁灭全人类的巨大破坏力，加之大国之间起伏不定的核军备竞赛给世界和平与发展造成的严峻威胁，不断加深着公众对于“核”的畏惧与抗拒。2011年福岛核事故的发生，再一次引爆了公众的核恐慌，也几乎将全球核能发展逼进了“死胡同”。为进一步增进人民群众对核能的了解，提高核能的社会接受度，2014年，国家核安全局在全国核电项目所在城市开展了系统化、全方位的公众沟通活动。郭跃的这本书，植根于中国核能领域的公众沟通政策实践，在大量田野工作的基础上，对辽宁省、广东省等地核电站公众沟通案例进行了深描，向我们生动地展现了广大一线研究者、实践者为推动人民群众理解核能、接受核能而不懈努力的真实图景。郭跃的这项研究，既推动了相关公共政策理论的丰富与创新，也为未来核电领域的公众沟通实践提供了基于循证的政策参考。此书启示我们，建设有人文温度的科技社会，一方面要立足于科技本身，坚持“科技向善”，将创新成果用于正义的、人道的目的；另一方面要以人为本，深入关注、了解人民群众的真实想法和需求，推动公众理解科学。如今，在面临重大困难与挑战的背景下，如何在确保核安全的前提下，加深公众对核能的认识和理解，业已成为学术界与实务界共同关注和亟待解决的焦点问题。

此书源于郭跃的博士学位论文。2009—2015年，郭跃在我的指导下于清华大学公共管理学院攻读博士学位。郭跃有志向学、天资聪颖、勤奋努力，指导他攻读博士学位的过程对我来说也是教学相长的过程。我认为，博士论文选题既是一位博士生接受严格学术训练的“试金石”，也是叩开神圣学术殿堂的“敲门砖”。因此，在这方面我一直很上心，很重视包括郭跃在内的每一个博士生的论文选题。我要求博士生要遍历学界论丛，“五本期刊看十年”；要沉得住气，“做好三年颗粒无收的准备”；要坐得住冷板凳，“做最基本、最质朴的研究”；要综合考虑，“做到与个人兴趣、学术背景、课题基础、职业选择、时代需要的五个相结合”。公共科技政策研究，不仅要求从经济学和管理学的视角去拓展并深化现有的科技创新理论，洞悉并阐述科技创新过程的经济学规律，还要从利益相关者的博弈机制出发，分析各个创新主体，尤其是政府、科技界、私人企业及公众在创新过程中的行为、角色与互动机制。因此，在过去的十余年里，我所指导的若干博士生分别对科学家、行政官员、普通公众、利益集团等政策参与者在公共科技政策不同过程中的参与机制进行研究，进而探索和丰富我国公共政策决策模式的演进与现代化路径。

宝剑锋从磨砺出，梅花香自苦寒来。在论文的撰写过程中，郭跃开展了系统、全面、扎实的研究，在相关部门的帮助下，对我国若干重要核电基地进行了规范的抽样调研，获得了丰富的第一手资料。其间，他还去哈佛大学肯尼迪政府学院交流一年，并在取得博士学位前获得清华大学研究生“学术新秀”称号。为了进一步提高其学术水平，我又推荐郭跃去哈佛大学肯尼迪政府学院管理原子能课题组继续从事该领域的博士后研究。回国后，郭跃就职于北京师范大学政府管理学院，成为一名光荣的人民教师。如今，郭跃依然围绕公共政策过程中的公众观念与行为持续开展学术研究。作为一名科学工作者，推动“科技向善”，促进公众理解科学，建设有人文温度的科技社会，是“科学”二字赋予我们的使命与担当，也是我们每一位公共政策研究者义不容辞的责任。

今天是农历庚子年正月十五，此时此刻，全国民众都在奋力抗击新型冠状病毒感染肺炎疫情。这样的特殊时期，提醒着我们要更加关注人的发展，以人民为中心，敬畏自然，尊重天道，理解和重视政策过程中每一位“普通人”的角色与作用，挖掘政策科学中的“人性”，这也是本书的根本宗旨。

是为序。

苏 竣

2020 年 2 月 9 日

农历庚子年正月十五

目录

第一章

导论

在当今社会中，科技发展的意义和价值越来越取决于它的经济效益、社会效益和认知价值。尤其当科技进入示范和推广阶段时，科技与社会的结合更为紧密，其互相影响的效应也逐渐显现，公众接受度是解释科技与社会主体互动的一个有益视角。由于长期备受争议，核电技术已成为探讨科学与社会互动的典型案例。特别是在福岛核泄漏事故之后，公众接受度成为影响核电技术推广的关键要素。已有科技社会学的研究成果认为，提高公众知识水平能够有效推动公众理性认知核电技术，进而提升核电项目公众接受度，因此应该大力推动公众理解科学（Public Understanding of Science）运动。

本书在对中国开展核电领域公众沟通工作的两个试点城市——葫芦岛市与汕尾市的公众进行大样本问卷调查的基础上，结合案例研究，通过因子分析、多元回归与倾向得分匹配法试图回答以下问题：哪些因素影响核电项目公众接受度？公众观念是否会被政府开展的公众沟通工作所影响，进而提升其对核电项目的接受度？本书在实证检验中国核电项目公众接受度影响因素的基础上，通过实证研究系统验证了假设，为核电项目公众接受度研究提供了实证检验数据，并在此基础上探讨了公众沟通与公众接受度之间的关系，将公众接受度置于一个开放的系统中，来寻求影响核电项目公众接受度的制度因素。本书还借鉴了政策反馈理论，拓展了邻避现象研究的人性假设，丰富了公众接受度研究的理论模型。通过对中国葫芦岛市、汕尾市的公众对核电技术认知的问卷调研与结果统计，系统了解了中国公众对核电技术的认知情况，并对中国开展核电领域公众沟通的试点政策进行了政策评估，对于有关部门了解公众观念及推动核电技术平稳、有序发展提供了决策借鉴。

一、本书的研究背景

第二次世界大战后，核技术开始被运用在发电领域，解决能源供给、调整能源结构等问题。1951 年，美国第一次利用核能发电，“增殖一号”快堆产生的高温蒸汽发出了 200 千瓦时的电，开创了人类利用核能进行发电的新纪元。1954 年，奥伯宁思科核电站建成，这是世界上第一座核电站，标志着核电站的兴起和发展。随着世界工业化进程的不断加速，核能逐渐被作为一种替代能源在世界多国推广。根据国际原子能机构发布的 2018 年度报告数据显示，截至 2018 年底，全球 30 多个国家共有 450 个核电机组运营，装机总量已达 3964 吉瓦。全球有超过 150 个核电机组项目处于规划阶段，其中包括 50 个在建。在建核电机组项目主要集中在亚洲，尤其是中国。中国的核电技术发展始于 20 世纪 80 年代中期，于 1985 年与 1987 年分别自主设计、建造了秦山核电站和大亚湾核电站(分别于 1991 年和 1994 年投入运营)。根据《中国核能发展报告 2019》数据显示，2018 年中国核电发电量为 2865.11 亿千瓦时，约占全国累计发电量的 4.22%。

然而，核电技术发展并非一帆顺利的，尤其会受到灾难性核事故的影响。1979 年美国宾夕法尼亚州的三里岛核电站发生 5 级核事故，强大的压力使美国的能源政策发生转向，在之后三十多年没有建成一座核电战。1986 年 4 月，乌克兰能源部长在刊物 *Soviet Life* 上声称切尔诺贝利核电站“完全安全”的一个月之后，发生了迄今为止最严重的切尔诺贝利核事故（被定义为最严重的 7 级），造成 31 名消防人员死亡、数千人受到强核辐射、数万人撤离，至今距切尔诺贝利核电站 30 千米范围内仍严格限制人员进入。2011 年 3 月，由日本 9 级地震引发的福岛第一核电站核泄漏事故（以下简称福岛核泄漏事故）再次使全球核电技术发展进入“冰冻期”。

与之前发生的核事故相比，福岛核泄漏事故具有以下特点：①由强烈的地震所引发。②网络时代的到来促使公众对核能的恐惧感得以蔓延。这两个特点在全球范围内导致公众对核电项目的接受度大幅降低。大地震引发的核泄漏事故使得日本公众的情绪“雪上加霜”，对核能的恐惧感进一步加深；相关新闻报道、专家评论及各种谣言充斥在网络媒体上，使全球各国公众处于对此次核泄漏事故的恐慌中，由此带来了新一轮的全球性反核浪潮。2011 年 3 月 20 日，日本东京爆发千人反核大游行，对东京电力公司总部提出抗议。3 月 28 日，韩国环境运动联合会会员在首尔举行反核示威，抗议韩国政府扩建核电站。距离日本较远的德国公众对核危机的反应更为强烈。3 月 26 日，数十万德国公众在柏林、慕尼黑、科隆、汉堡四个城市参与反核示威游行，要求政府关闭目前德国的 17 座核电站。在多方压力下，德国环境部长于 5 月 31 日宣布德国将于 2022 年前关闭国内所有的核电站。各国公众对核危机的恐慌也波及中国，集中体现为 3 月 16 日、17 日不少城市出现的“抢盐风波”。在由核泄漏事故造成的恐慌中，一些公众难以理性判断核电技术的安全性，在科学与谣言面前选择了后者。

科学家是推动核电技术发展及核工程建设的主导力量。与公众相比，科学家更具有理性精神。科学家主要通过以下措施应对福岛核泄漏事故：①对核辐射进行检测，分析此次核泄漏事故发生的原因并提出对策。②预测未来核电技术的发展趋势。③通过媒体对大众就有关核电技术、辐射防护、核电站安全等知识进行科普教育。在福岛核泄漏事故发生之后，日本政府立即正式请求国际原子能机构的专家援助。国际原子能机构向日本政府提交的调查报告分析了此次福岛核泄漏事故的原因，指出东京电力公司没有健全的处理事故的责任机制，并对完善各国的核电站安全性措施提出建议；同时国际原子能机构也承认日本政府和技术人员在灾难初期尽可能地做了最佳的处理。美国资深核工程师、三里岛事件现场主任莱克·巴雷特在福岛核泄漏事故发生后接受《中国新闻周刊》采访时曾指出，“日本的技术人员已经在极其困难的情况下，尽其所能采取了最佳的处理办法”，并认为“福岛事件对人们所造成的惊吓超过了本身应有的程度……虽然福岛的核泄漏是一个造成百亿美元损失的可怕的核工业事故，但是它并不会造成重大的健康危害”，核能对公众健康的风险低于其他能源，而政治家不应该因此动摇发展核能工业的决心，应继续推动核能技术进步。美国《科学》杂志在福岛核泄漏事件之后也发表了一系列文章，通过绘制全球已营运和在建核电站地图，来说明福岛核泄漏事故之后大部分国家仍然会在加强监管的前提下继续发展核电技术。同时还指出，福岛核泄漏事故虽然冲击了日本的核能科研，但并未将其毁灭。

面对日本核危机及中国一些公众表现出来的恐慌，中国的科学家也通过媒体与公众互动，探讨核污染问题。2011 年 4 月 20 日，中国科协举办“科学家与媒体面对面”活动，就福岛核泄漏事故与媒体进行互动。科学家普遍认为，此次核危机对中国公众的健康影响远低于安全标准，对中国公众健康不会产生危害。此外，中国的科学家就福岛核泄漏事故后中国核能工业的未来发展也展开了讨论。同年 5 月，中国科学院、中国工程院资深院士联谊会在北京召开“核能发展问题”研讨会，科学家们强调核安全的重要性，并认为我国的核能占能源结构的比例较小，与宣称不再发展核电技术的西方国家国情不同，因此，未来“我国的核能发展政策不宜大起大落，要保持相对的稳定性”。

福岛核泄漏事故使中国公众开始更加关注核电项目建设与核安全，随着关注度的提升，公众开始不断在核电项目选址决策过程中表达自己的利益诉求。公众接受度已经成为影响中国核电技术推广、核电项目能否平稳“落地”的重要因素。2012 年 2 月 2 日，在国家核电技术公司、中国核工业集团有限公司选址论证之后，广西壮族自治区（以下简称广西）北海市人大常委会审议并决定批准北海市政府暂不发展核电项目的议案。2014 年 5 月 20 日，广西防城港市人大常委会通过了《防城港市人大常委会关于江山半岛旅游度假区旅游资源开发与保护的决议》，其中提到：“请求上级解除白龙核电站项目合作框架协议。”更为严重的是，2013 年 7 月 12 日，在《中核集团龙湾工业园项目社会稳定风险评估》公示期内，江门鹤山发生了抵制在当地建设大型核燃料加工厂的群体性抗议事件，项目最终由当地政府承诺撤销。

鉴于后福岛时代公众对核电项目的关注程度不断提高并由此引发了“邻避事件”，由国家核安全局设计政策方案、地方政府发布并执行的一场核电领域公众沟通工作在 2013 年开始悄然酝酿。2013 年 5 月，辽宁省人民政府、中国核工业集团有限公司、国家核安全局联合发布了《辽宁省葫芦岛市徐大堡核电项目公众沟通工作方案》；2014 年 2 月，广东省人民政府、中国广核集团有限公司、国家核安全局联合发布了《广东省汕尾市陆丰核电项目公众沟通工作方案》。作为福岛核泄漏事故之后国家发展改革委（以下简称发改委）发放“路条”的两个新建核电项目，葫芦岛市徐大堡核电项目与汕尾市陆丰核电项目所在城市成为首次由我国政府主导的核电领域公众沟通工作的试点。

无论是技术决定论还是社会建构论都呈现给人们这样一个事实：技术不是一个孤立的系统，而是社会大系统中的一部分。尤其是在经过研究与开发阶段之后，当科技进入示范和推广阶段时，科技与社会的结合更为紧密，其互相影响的效应也逐渐凸显，公众接受度是解释科技与社会主体互动的一个视角。

然而长久以来，科技政策领域始终是以“政府—科学家”二元决策主体结构为主导特征的。作为拥有专业知识背景的精英主体，政府与科学家共同主导科技政策制定过程，形成了典型的精英决策模式。从各国科技政策的实践角度来看，这种以政府与科学家为主体的精英决策模式也逐渐遭到诟病，特别集中表现在公众对科学与科学家的质疑上。因此，20 世纪 80 年代，西方学术界出现公众理解科学理论并蓬勃发展起来。政府和科学家们相信，随着公众科学素养的提升，公众将越来越支持科学家的工作。但是公众对科学家与科技政策决策模式的质疑并没有随着其科学素养的提升而减少。这种通过提升公众科学素养的公众理解科学的模式被学术界称为缺失模型（Deficit Model），其核心观点是公众对科学的不理解是由公众与科学家在科学知识水平上的差异（公众缺失科学知识）造成的。缺失模型将科学家与公众之间的代沟单方面地归责在公众一方，该模型虽然已经涉及公众理解科学的意义，但却仍然秉持着科学天然合理、正确的观点。科学家以一种“居高临下”的姿态面对公众，最终出现了公众对科技了解越多对科学与科学家越不信任的尴尬现象。

因此，20 世纪末，学术界在反思缺失模型不足的同时，也开始构建新的公众参与科技政策的理论模型，其中，约翰·杜兰特（John Durant）的民主模型（Democratic Model）与布莱恩·温（Brian Wynne）的内省模型（Reflexivity Model）最为著名。民主模型作为科技决策与科学传播的理论突破，强调科技政策制定应该重视人的价值。民主模型将公众、科学家和政府置于平等的地位，推动三者开放、平等地对话，并强调公众在技术评估中的作用。内省模型呼吁科学家不应该仅仅采取自上而下的方式来向公众传播科学知识，在具体的科学决策上应该重视公众的“地方性知识”，获取公众的信任。内省模型最大的贡献是通过提出“地方性知识”这一概念，打破了传统上内行与外行的界限，为公众参与科技决策制定过程提供了理论前提。

回顾公众理解科学研究，我们可以看出，学术界从探讨知识对公众理解科学的有效性逐步深入探讨更为深层的心理特征及更为广阔的外部环境对公众理解科学的影响。然而，尽管学术界已经意识到制度（如参与机制、决策模式）所带来的影响，但是制度究竟是什么样的、制度又如何影响公众对科学的理解还需要进一步探讨。

二、本书研究的问题

不难发现，影响公众对科学的理解程度与接受程度的因素是复杂的。公众具备科学素养并不意味着公众对科学的接受，民主模型告诉我们，制度、参与、权力、信任等因素影响着公众对科学的接受程度。基于此，本书以后福岛时代中国核电技术推广及其公众沟通工作为背景，以核电项目公众接受度为研究对象，回答以下问题：

（1）核电项目公众接受度受哪些因素影响？

（2）在政府试图影响核电项目公众接受度的过程中，公众在已有的知识、情感、社会信任程度的前提下，是否会被政府开展的公众沟通工作所影响，进而接受核电项目？

三、本书的核心概念与研究方法

从广义上看，公众接受度属于社会可接受度（Social Acceptance）的概念范畴。社会可接受度不仅适用于技术创新领域，在市场营销领域，它也常被用来描述消费者对商品，尤其是对新商品的认同程度及购买的意愿；此外，在政策分析领域，社会可接受度常被用来描述公众对于政府制定的政策的满意程度。20 世纪 80 年代，学术界关注个体用户行为对信息技术的接受和采纳，提出了技术接受模型。在之后的技术创新研究领域，越来越多的学者研究公众认知对可再生能源、转基因食品、电动汽车、电子商务等新技术发展的影响，社会可接受度逐渐成为研究技术创新与科技政策的重要切入点。不同学者对社会可接受度这一概念提出多种分类与理解，本书在此将社会可接受度总结为政治可接受度、市场可接受度与社区可接受度三种。

政治可接受度是在技术创新过程中，政治主体作为政治参与者基于执政理念、制度需求、利益诉求与宗教信仰等动因对技术创新的接受度。政治可接受度强调包括政府、科学家、企业、公众、NGO 等在内的社会主体通过政治参与影响技术创新。其中，政府通过政策议程设置、政策规划、科技计划的优先领域设置等调整科技资源分配的政治手段来展现其对技术创新的接受度。科学家通过参与科技战略咨询、确立科技发展趋势与重点等途径来体现政治接受度。企业通过参与政府组织的科技项目、支持并开展新技术示范工程、承担共性技术研究等途径来体现政治接受度。公众与社会组织更多地通过自下而上地推动政策议程设置、参与科技政策规划讨论等行为体现其对技术创新的政治接受度。

市场可接受度是市场层面的一种社会可接受度，它反映的是在技术创新过程中的市场主体基于经济利益对技术创新的接受程度，其主体是技术的投资者、生产者和消费者。投资者和生产者主要关注技术的市场前景及经济回报，新产品的市场规模、价格和利润是其关注的主要参数，投资者和生产者在成本收益分析的基础上决定是否接受该新技术、新产品。消费者的接受程度主要体现在其购买新产品的意愿和行为上，除了技术是否有用、易用等特性之外，产品的价格对消费者决策影响巨大。

社区可接受度指社区公众个体作为技术创新的相关方，在技术创新的全生命周期的各个阶段中，基于自身利益、伦理和安全的角度，对于新概念、新产品和新服务模式的理解、认知与接纳程度。社区可接受度更强调经济利益、邻避效应对个体认知的影响。

技术创新的政治可接受度、市场可接受度与社区可接受度相互交叉且相互影响，并可以相互转化。政治可接受度往往通过动员、宣传等手段影响市场可接受度；社区可接受度往往通过投票、群体运动影响市场可接受度；市场可接受度则通过经济利益、产品展示等途径影响政治可接受度与社区可接受度。

本书的研究对象为核电项目公众接受度，具体是指公众对当地核电站的接受度，这与上述概念界定中的社区可接受度相对接近，均侧重于对距离居住地较近的核电站的接受度[①]。从实证的角度看，本书选取两个正在规划建设核电项目但是尚未开工的城市——葫芦岛市与汕尾市的公众接受度作为研究对象，探讨哪些因素影响核电项目公众接受度、核电项目公众接受度能否被政府行为所影响。

对于社会科学的研究一直存在着建构主义与实证主义的争论，并逐步发展出四种主要的研究范式：建构主义、实证主义、后实证主义与实用主义。建构主义强调研究者依靠归纳的逻辑，依据现实得出具有一定普遍解释力的理论；实证主义和后实证主义强调研究者依靠演绎逻辑对理论假设进行实证检验；实用主义是将建构主义与实证主义相结合的研究范式。回到本书所研究的问题上，尽管可以通过对现有文献和已有研究的梳理找出影响核电项目公众接受度的因素，但是却难以从已有研究成果识别出政府通过何种政策来影响公众观念进而推

① 已有对社区可接受度的研究主要强调距离自己居住社区较近的核电站，由于本书在后续的实证调研中对 0～5 千米、5～15 千米与 15～30 千米三个地理范围的居民进行抽样，地理范围内比社区可接受度的研究区域大，故未选择社区可接受度这一概念作为本书的研究对象。

动公众接受核电项目，且从实践上看，各国实践差异较大。因此，本书采用实用主义，将质性方法与定量方法相结合，在提出假设的同时嵌入归纳，再对概念模型进行假设检验。具体而言，本书采用以下研究方法：

（1）采用质性研究方法，通过参与式观察、访谈、文本研究等质性数据获取方法，对中国核电项目选址规划阶段的公众沟通工作进行案例研究，重点对葫芦岛市的公众沟通实践进行单案例分析，识别政府试图影响公众观念、提高核电项目公众接受度的制度要素与政策工具。

（2）通过梳理已有核电项目公众接受度影响因素的研究成果，结合上述质性研究方法的归纳结果，形成本书的概念模型，并提出研究假设。

（3）通过展开问卷调研，采用多元回归分析等研究方法对理论模型进行实证检验，得出变量间的关系，再采用倾向得分匹配法来检验核电项目公众接受度是否被政府开展的公众沟通工作所影响。

（4）通过将已有理论研究成果与实证研究结果相结合，最终形成本书的研究结论。因此，理论研究部分与质性研究部分是本书的理论建构过程，定量研究部分是本书的实证研究过程。

四、本书的研究框架

本书的技术路线如图 1-1 所示。

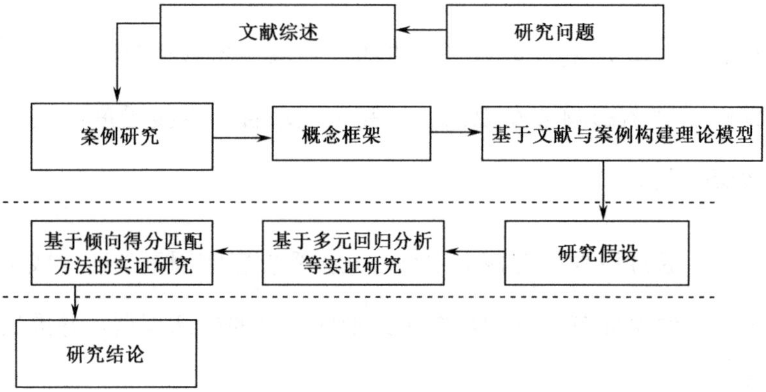

图 1-1 本书的技术路线

本书共分为 7 章，主要内容安排如下：

第一章为导论。本章结合实践背景与理论背景，提出了本书研究的问题，并对本书所涉及的概念、研究对象、研究思路、研究方法与技术路线进行了阐述。

第二章为理论基础。本章在第一章对相关概念进行界定的基础上，从识别人性假设、识别公众与科学的关系、识别公众与政策的关系三个视角探讨解释公众接受度的深层理论工具的可能性。

第三章为中国核电项目选址决策过程中的公众沟通。本章通过案例研究方法识别中国核电项目选址规划阶段的决策程序与前期工作，重点分析公众沟通工作的开展内容，结合葫芦岛市开展核电领域公众沟通工作的实践情况，识别政府试图影响核电项目公众接受度的政策工具。

第四章为概念模型构建。本章通过对已有核电项目公众接受度影响因素研究文献进行梳理，嵌入第三章对政府影响核电项目公众接受度的政策工具，构建概念框架，并形成本书的假设。

第五章为基于多元回归分析的核电项目公众接受度研究。本章在大样本问卷调研的基础上，通过描述性分析结果、信度效度检验、因子分析、多元回归分析结果，对中国核电项目公众接受度的影响因素进行探讨。

第六章为基于倾向得分匹配法的公众沟通效果评估。本章采取倾向得分匹配法，对公众沟通工作改变核电项目公众接受度的政策评估效应进行检验，探讨政府能否通过不同政策工具影响公众观念。

第七章为公众沟通下的内心认知与外在干预。结合问卷调研之后开展焦点小组讨论的访谈记录，本章对本书的实证研究结果进行了更多解释，从内心认知和外在干预两个角度讨论核电项目公众接受度的结构和对其进行干预的可能性，给出了本书的研究结论，并对本书的创新之处与不足之处进行阐述，提出了对未来研究的设想和规划。

第二章

理论基础

本章进行文献综述意在为本书的研究对象——核电项目公众接受度寻求更为广阔的理论解释舞台。正如前文所述，已有针对核电项目公众接受度乃至其他能源的公众接受度的研究，主要基于不同国家与地区的经验数据来探索社会可接受度的影响因素，进而得出解释社会可接受度的分析框架，广泛存在“理论困境”的局面。本书将公众接受度进一步剖析，从人的角度综述有关人性在经济人与社会人、理性人与非理性人等方面的理论争论；从公众的角度探讨公众理解科学下公众与科学的关系及科技决策模式从精英政治走向大众政治的理论变迁；从公众的角度探讨政策反馈理论下政策影响公众观念的可能性与机制。以上理论综述尽管并不与本书的研究对象直接相关，但间接给本书探讨核电项目公众接受度提供了丰富的理论源泉。

第一节 识别人性的假设：基于经济人与理性人的理论探讨

在社会科学领域，每门学科得以建立大都需要一种关乎人性的前提假设作为学科的基础。根据伊拉卡托斯的“硬核”与“保护带”理论，这种关乎人性的前提假设就类似于这个理论体系的硬核，构成发展基础的理论假说。因此，本书围绕人性假设展开文献综述，以期为后续对中国核电项目公众接受度的讨论做好理论铺垫。

一、从经济人到社会人：经济社会学视角下的个人行为动机研究

在关于人的行为模式或者说关于人性的各种假设中，最具代表性的即经济人假设和社会人假设的区分。本书所指的经济人假设就是形成于亚当·斯密（Adam Smith）、而后成为西方经济学理论“硬核”的最根本的前提假设。

1776 年，亚当·斯密出版了一部经典巨著——《国民财富的性质和原因的研究》（简称《国富论》），他在继承前人优秀研究成果的

基础上，以经济人假定作为其思想的立足点，第一次把当时的一切经济知识归结成一个统一、完整的体系。他认为，凡生活在社会中的人，无一不心怀“自利的打算”，即“利己心”或“自爱心”人皆有之，是人类的本性。进而，强调只有让“利己心”在自由放任条件下充分发挥作用，才能够实现社会普遍福利和社会物质财富的增加。在古典经济学中，经济人假设具有以下几个特点：第一，经济人具有自利性，即个人追求自身利益是驱策人的经济行为的根本动机。第二，经济人具有理性，即每个人都通过成本收益的比较分析为自己谋求最大的利益。第三，在良好的社会秩序下，个人追求自身利益最大化的自由行为在“看不见的手”的引导下，会无意识地和有效地增进社会公共利益。在新古典经济时期，经济人日趋被抽象为数学晶体式的理性经济人，理性被理解为仅仅是一种数学计算。这一转变基于 19 世纪 70 年代经济学的边际革命。新古典经济学的研究基础是对个体现象或过程的研究，方法论从本质上为个体主义方法，其理论中的个体就是关于经济人的假定。在新古典经济学下，经济人假设得到了更新，把经济人假设扩展到非经济行为领域。

作为西方经济学理论体系的“硬核”，经济人假设从形成之日起就不断受到社会人假设的反拨与挑战，促使经济学理论体系不断调整自己的保护带，推动整个经济学学科的发展。美国经济学家亨利·凯里（Henry Carey）是第一位对经济人假设进行批评的代表性人物。他针对约翰·穆勒（John Stuart Mill）的观点提出批评，指责古典经济学的政治—经济人只被赋予寻求食宿的品性，而完全排除了情感和智力等其他品质。新经济社会学家对经济人假设提出更为尖锐的批评。格兰诺维特等建立的新经济社会学首先把人视为社会人，再考察其置身其内的社会关系和制度空间，进而分析其经济行为的激励因素，对传统的理性选择、效用驱动的经济模型所提出的理论进行补充解释甚至是替代解释。新经济社会学家认为，新经济社会学不仅要研究不同于纯粹利益动机的信任、权力、规范、身份认同等个人行动的激励要素，还要考察、界定人们行动的社会空间制度或各种制度要素，并解释这些空间是如何出现、如何结合和如何分离的，以及资源在它们之间是如何流动的等。

可见，社会人假设的提出，至少可以给仅仅认为人类怀有自利本性的经济人以更广的思路和学术视野，把人类的利他本性纳入研究的视域，必然会为社会科学的研究提供更为丰富的研究视角和研究工具，也为本书开展对公众进行核电技术认知的心理路径探讨、对核电项目接受与否的原因探讨提供了理论视角。

二、理性决策到非理性决策：管理学视角下的决策心理研究

在近代以来社会科学的发展历史上，“理性”一词成为各个学科

广为探究的学术起点。在20世纪初，随着科学管理的兴起，社会科学家对完全理性强烈推崇。完全理性决策模式假定所有的决策者都是理性人，且能够获取所有充分并有效的信息进行价值选择，最终运用最佳的决策手段获得决策效果最优化。这种决策模型被称为完全理性决策模型，在相当长的一段时间内成为社会科学多学科信奉的研究起点。

在第二次世界大战后，伴随着行为主义科学的兴起，完全理性决策模式受到越来越多的批评。人们认为，在现实决策活动中，决策者几乎不可能达到完全理性决策模式所涉及的每一个标准。福雷斯捷（Forester）提出，完全理性决策模式的实现需要满足若干苛刻的条件，如问题明确确定、能够获得所有的备选方案、获得所有的信息、能够预期每一个方案的准确后果、能够获取所有相关人意愿并且具有充足的信息。戴伊（Dye）则更为明确地强调，理性分析不仅涉及金钱与收益，还必然涉及价值观念与偏好。从根本上说，理性决策模式最大的弊病是它忽略了“公共政策的制定本质上是一个政治过程，看不到政策是在目标、价值、利益、偏好的冲突与协调中产生的”。

希尔伯特·西蒙（Herbert Simon）的决策思想也经历了一个转变的过程。西蒙更多的是从组织层面考虑决策模式的。在他的观念中，“管理即决策”。西蒙最先提出的决策模式接近完全理性模式，他认为决策需要“从备选方案选择一个能够获得完美结果的方案”。但随着对完全理性决策模式的批判不断加强，西蒙也意识到自己思想的局限性，因此，他提出有限理性决策模式来描述现实中的决策过程。该模式认为，“决策者通过努力收集到信息之后会得到有限的决策资源和决策信息，然后利用这些资源对决策方案进行抉择和比较，最终找到令其满意的结果”，也就是说，有限理性所遵循的决策原则不是“最优即最好”，而是“最满意的即是最好的”。也许因为与理性主义起源相同，描述性决策研究主要集中在认知而不是情感方面，效用极大化原则无法充分描述该研究。阿莫斯·特沃斯基（Amos Tversky）和丹尼尔·卡内曼（Daniel Kahneman）承接西蒙的有限理性理论，提出就有限理性的个人使用可用性、代表性，确定和调整这类启发法进行判断及他们如何使用“观点排除”这种简单的策略来做出选择。查尔斯·林德布洛姆（Charles Lindblom）在有限理性主义的基础之上提出“渐进主义”的概念，认为该系统下的渐进决策模式是指公共决策者在决策时应该在既有的合法政策的基础上采用渐进方案，以对现行政策不断进行修正，最终实现决策目标。这种模式下的决策需要遵循按部就班、积小变大及稳中求变三个基本原则。在时间、成本与信息的压力下，决策者只能采取简化的、相互支撑的决策步骤。

通过以上文献综述，我们可以看出，西方学者围绕理性展开了近一个世纪的讨论。学者们从最初对完全理性的推崇发展为有限理性，再到后来发展出渐进主义甚至非理性的观点。这对我们该如何看待公众在核电技术发展过程中的认知思维过程具有一定的启示。

第二节　识别公众与科学的关系：基于科技社会学下的公众理解科学的理论探讨

一、精英政治下的西方科技决策模式及其信任危机

在 19 世纪的西方国家，工业革命催生的各种科学技术实验室如雨后春笋般不断出现——包括由政府资助的实验室，由此揭开了政府干预科学的序幕。20 世纪上半叶，“科学国有化”的进程不断加快。1945 年，美国物理学家万尼瓦尔·布什（Vannervar Bush）向杜鲁门总统提交著名的科技政策报告《科学——无止境的前沿》，这一事件被学术界广泛认为是科技政策的起点，从此科学家逐渐进入科技政策议程，不同程度地影响科技政策制定。国内外学者已经充分认识到科学家在决策中的作用呈现出越来越丰富的模式和形态。皮尔克（Pielke）根据科学观（线性模式、利益相关者模式）与民主观的二位标准，将科学家在政策与政治中的角色分为纯粹的科学家、观点辩护者、科学仲裁者、政策选择的诚实代理人四类。科学家在科技政策制定过程中发挥的作用也会受到科技类型特性、决策面临的不确定性程度、决策中的价值分歧程度、制度环境、政策舞台结构及政府干预公共事务的积极程度、

科技决策过程阶段的差异而有所不同。长期关注中国科技工作者群体的华裔学者曹聪探讨了中国两院院士和国家自然科学基金获得者这两类科技工作者在中国大环境下的行为模式与对中国科技政策的诉求。在中国，不同科技类型的决策和不同政策制定阶段间知识和价值的分布差异，导致了政府与科学家关系的不同。国家自然科学基金的资助格局是影响中国科学家研究布局、参与科技决策的重要因素。

尽管科学家的角色及其发挥的作用存在不同，但作为拥有专业知识的主体，科学家在第二次世界大战后逐渐成为全球各国科技政策制定的核心主体，与政府形成二元的主体结构。这种决策模式是典型的精英决策模式。戴伊将精英决策模式概括如下：社会可划分为拥有权力的少数人及未拥有权力的多数人。少数人是社会的精英，多数人是非精英，精英享有分配社会价值的权力；公共政策所反映的不是公众的需求，而是精英普遍性的价值。在公共行政学科诞生之初，古德诺（Goodnow）指出，公共政策只是掌握国家统治权力的少数杰出人物的价值观念和价值偏好的表现，而不像民主宪政体制所规定的那样，是人民意志的体现。

然而从科技政策的实践上看，这种以政府与科学家为主体的精英决策模式也逐渐遭到诟病，特别集中表现在公众对科学与科学家的质疑上。通过大量的国内外案例，我们不难发现，在信息化社会中，一方面，公众的科学素养普遍提高，另一方面，公众对科学与科学家的质疑的声音在不断加强。在西方世界，疯牛病下的食品技术暴露出公众对科学家抵触的情绪；以三里岛事件、切尔诺贝利核事故及福岛核泄漏事故为典型的核泄漏事故带来公众对科学技术的质疑；转基因技术与克隆技术等生物工程不断冲击着公众的价值观。

从 20 世纪 80 年代开始，西方各国政府和科学家意识到了这种传统封闭的精英决策模式对科学技术的负面影响。1981 年，安・布朗斯克姆（Ann Branscomb）曾指出："我们的社会还未确定专业科学家的责任仅仅是与同行交流，还是应该向政府官员进行传播，或者直接与公众交流。"随之，西方国家掀起了公众理解科学运动。

1985 年，英国皇家学会（Royal Society）发布了一篇题为《公众理解科学》的报告，这一份报告催生了英国和其他西方国家的公众理解科学运动。1986 年，英国成立了公众理解科学委员会，不断开展各种公众理解科学活动，旨在提高科学家向公众传播科学的能力。政府和科学家们相信，只要公众更多地了解科学，就会支持科学家的工作。但在不久之后却得到令其失望的结果。

通过提升公众科学素养的公众理解科学的模式被称为缺失模型（Deficit Model），其功能体现为假设公众理解科学在很大程度上与科学素质相关，即公民有能力正确地理解科学；假设这些理解一旦得到实现，就能确保对科学与技术创新具有良好的态度；趋向于认为科学与公众的关系中所存在的问题，单方面地出现在公众一方。缺失模型认为，公众知识不足（Deficit）、专家知识充足（Sufficient），需要提升公众的科学素养。然而，缺失模型中提高公众理解科学的途径仅仅是通过大众传媒、博物馆、讲座等手段向大众进行科普教育，并没有将公众纳入科技决策过程。实证调查数据显示：公众对科学了解越多，对科学活动的不信任程度越高。因此，从本质上看，缺失模型是精英决策模式的产物；缺失模型的失败说明了科技政策需要在真正意义上从精英决策模式走向大众决策模式。

二、大众政治下的西方科技决策模式

学术界对缺失模型的主要诟病是缺失模型将公众当成科学家面前的“空容器”，在这种视角之下，科学知识的传播与科技政策的制定只是自上而下的信息灌输，公众处在一个被动的地位。同时，随着科学技术日益精细化与专业化，很难明确公众与科学家的界限。一个领域的科学家可能在另外一个领域成为“外行”。事实上，公众是多样化的，具有专业知识、具有搜集信息的技能，对许多事务也都有热情、有动力。因此，西方学者反思精英决策模式带来的弊端，首先提出要重新界定的是公众面对科学时多样性的“角色”。

然而，无论是从理论上还是从实践上，很难明确界定谁是公众。正如奈德哈特（Neidhardt）所言：“在现代民主制度中，公众扮演了重要的角色，但似乎没有人确切知道什么是公众。”公众在任何一项政策领域中所扮演的角色是不同的。在科技政策领域，公众既可能是科技知识的接受者，也可能是科技知识的创造者；既可能是科技产品的消费者，也可能是科技产品的生产者；既可能是一项政策最直接的利益相关者，也可能是远离政策辐射的旁观者。在科技政策决策过程的议程设置、方案规划、政策合法化、政策执行、政策监督、政策评估等环节中，公众均有可能不同程度地参与进去——公众角色的差异性与科学和公众相遇的“节点”（Junction）相关。菲尔特（Felt）曾提出，公众在科学技术发展过程中将会扮演科学技术产品的消费者，科学的支持者、见证者及科学体系的参与者的角色。阿尔蒙德（Almond）将公众的角色置身在多种政策主体之间，以美国的政治体制为蓝本，通过一个金字塔模型来表示在公众参与科技决策过程中的多种类型。居于顶端即第一层的是决策者，包括联邦层面的立法、行政与司法官员；第二层是政策领导者，主要由科学家和工程师构成；第三层、第四层、第五层分别是热心的公众、感兴趣的公众与其他公众。值得强调的是，阿尔蒙德认为，如果第一层的决策者与第二层的政策领导者对政策议题高度同意时，政策方案就会被决定，此时决策主体不会下移到公众层面；相反，如果这二者之间存在观点分歧，热心的公众会被吸纳到政策制定过程中，开始影响政策制定进程。内尔金（Nelkin）明确指出，推动公众参与科技政策制定过程有四个原因：①当地项目给社区带来成本（如机场、核电站等）。②项目对公众健康及生活环境具有威胁。③项目的实施限制公众自由选择。④项目的实施与传统价值观或宗教价值观存在冲突。

因此，20 世纪末，学术界在反思缺失模型不足的同时，也积极构建新的公众参与科技政策制定的理论模型，其中，杜兰特的民主模型与温的内省模型最为著名。杜兰特基于对自己提出的缺失模型的反思，随后又提出了民主模型。民主模型作为科技决策与科学传播的理论突破，强调科技政策制定应该重视人的价值。民主模型与缺失模型最大的不同之处在于，民主模型下的公众不再是被动的信息接受者，而是科学传播者与科学决策者。民主模型将公众、科学家和政府置于平等的地位，推动三者开放、平等地对话，并强调公众在技术评估中的作用。缺失模型将正式的知识（Formal Knowledge）当作影响科学家与公众之间关系的关键要素；民主模型强调有更多的要素影响二者关系，如知识、价值、权力与信任的关系等。与民主模型不同的是，内省模型将关注点放在知识层面。知识不仅仅是科学家具有的科学知识，同时还包括公众所具有的“地方性知识”。温通过英国坎布里亚羊事件发现，在公众理解科学的过程中，无知的并不是公众，而是科学家。科学家没有意识到自身的缺陷，忽略了公众的“地方性知识”，在公众面前傲慢、缺乏内省。温认为，科学家的问题主要是两个方面：一方面是与政府共谋，向公众隐瞒一些不利于政府的事实，温称之为共谋理论；另一方面是科学理论往往在面对实践时存在局限，但科学家却不承认这些局限，忽略公众的“地方性知识”，温称之为自大理论。因此，内省模型呼吁科学家不应该仅仅采取自上而下的方式来向公众传播科学知识，在具体的科学决策上应该重视公众的“地方性知识”，获取公众的信任。内省模型最大的贡献是打破了传统意义上“内行”与“外行”的界限，为公众参与科技决策制定过程提供了理论前提。

在理论界有所突破的同时，各国在实践中也逐渐发展出多种形式来推动公众参与科技政策制定。最为典型、最具有影响力的是由丹麦技术委员会发起的共识会议。丹麦从 1987 年开始举行由专家小组（Expert Panel）、公民小组（Citizen Panel）、咨询/计划委员会（Advisory/Planning Committee）组成的共识会议。共识会议主要针对引起社会关注、存在风险并需要政府回应的科技议题进行讨论，如转基因食品、基因治疗、捕鱼业、空气污染、教育业等。其运作包括选定主题、组成咨询/计划委员会、组成公民小组、预备会议、组成专家小组、正式会议六个步骤。其中，公民小组是共识会议的主角，其成员由组织者在报名的志愿者中随机选出，在年龄、性别、职业、教育程度等特征上呈广泛分布。专家小组的名单由公民小组根据讨论议题确认后产生。专家小组与公民小组的讨论结果将形成文件对外发布，最终以报告的形式交给国会供其参考。共识会议强调在科技决策过程中吸纳公众的“外行知识”，将公众与专家、政府置于平等的对话框架中。共识会议已经在全球范围内形成政策扩散。美国、英国、法国、德国、日本、韩国等国家纷纷在2000年前后推行共识会议，积极推进公众参与科技决策。共识会议在各国的持续召开打破了政治精英与科技精英垄断科技政策制定的情形。但也有学者认为，共识会议并没有改变现有的科技政策制定主体的权力地位，认为共识会议的推行，并非是对原有的决策结构的替代性使用，而是其延伸和扩展。

第三节　识别公众与政策的关系：基于政策科学中政策反馈理论的探讨

由于核电技术具有国家层面的战略意义，公众在对核电技术进行认知的过程中，体现的不仅仅是简单的公众与科技的关系，同时也是公众与政策的关系。正如前文所述，在中国重启核电项目以来，政府与企业着重在核电项目所在城市（包括拟选址城市）开展密集的公众沟通工作，拟通过多种政策工具提升公众对核电项目的接受度。因此，本书第三部分的理论综述落脚到政策过程理论。通过引入政策过程理论近期的新发展——政策反馈理论，来进行公众是否被政策影响的理论探讨。

一、政策反馈：政策过程理论的新发展

随着政策研究者们越来越关注政策运行的微观机制，自 20 世纪发展起来的政策过程理论目前已成为政策科学研究中的核心部分，越来越多的中国学者参与到研究中，并致力于将其用于中国的政策实践检验，从而丰富政策过程理论。西方学者发展了丰富的政策过程理论模型。最为常见的是阶段论，即将政策过程划分为不同的阶段，一般分为议程设定、政策规划、政策决策、政策执行和政策评估几个阶段。作为一种理论归纳，阶段论提供了讨论和改进政策过程的基础，并成为国内公共政策课程中最常见的讲授框架。早期国内学者对政策过程理论的研究也往往聚焦于政策过程的不同阶段，或识别议程设置过程中不同主体之间的相互影响；或探求科学家、公众、思想库等政策主体对决策过程的影响；或探求不同主体的博弈对政策执行的影响。这些研究往往将不同政策主体的观念、行为、知识、权力、社会资源等要素作为外生变量，并将其嵌入既有的制度环境中探求其对政策过程的影响。也就是政策相关者作为一种输入，政策及其执行是一种输出。这种传统的政策过程研究视角有助于在研究中体现行为主体的能动性，并与行为学派相结合，基于对现实的描述和归纳，其关注的对象主要是政策过程中的行为主体，如政策制定者、政治精英、利益集团等，研究旨在发现问题和总结规律。特别是在转型时期的中国，随着决策的科学化与民主化过程的推进，越来越多的政策主体走上政策舞台，

学术共同体通过案例深描等方法识别不同政策主体在政策过程中的利益诉求、价值理念、影响力发挥等要素有助于打开政策过程的“黑箱”，探讨人的发展与制度变迁的关系。

然而，人的发展与制度变迁之间的关系，是社会科学中一种永恒的“鸡生蛋”与“蛋生鸡”的关系。尽管已有大量的研究关注行为主体对政策过程的影响，但我们却无法忽略一个事实：在政策舞台上，行为主体塑造政策产出的同时也被政策（或制度）与政策过程所塑造。

可见，在行为主体影响政策过程与政策产出的同时，政策本身也会影响行为主体。这种双向的影响彼此交织、互动，进而会引起新一轮的政策变迁。近年来，国外的政治学家与政策科学家开始研究这种“当结果变成原因”的逆向机理，并将其定义为政策反馈。本节旨在介绍政策反馈的概念、理论模型及意义，并讨论政策反馈理论对核电项目公众接受度研究的启示。

二、当结果变成原因

如前所述，在过去有关政策过程的研究中，学术界往往将政策当成一个输出，关注相关政策主体如何通过互动影响政策制定，将人们的观念当作一个独立于政策系统的外生变量——这种研究路径的缺憾在于，无法判别人的观念、行为是否及如何受到政策的影响。将政策当作输出进行大量的研究之后，政治科学开始将政策当作原因，学者们开始研究政策如何影响利益相关方的观念与行为，进而诱发新一轮的政策变迁。学术界将这一新型的研究对象称为政策反馈。政策反馈的相关文献首次出现于20世纪80年代后期，文献作者为几名历史制度研究学者。该术语提出后，斯考切波（Skocpol）在文章《保护士兵和母亲：美国社会政治的政治起源》中表示了赞同，她将其作为“结构整体”方式的一部分，用于研究政治演化。斯考切波解释称，创建于“时间1”点上的政策能够重塑国家能力和社会群体及其政治目标与能力，同时还会反过来影响在“时间2”点上推出的政策。例如，她证明了美国南北战争期间的老兵退休金扮演了管理士兵的角色，发挥了保护并增加士兵的作用。又如，19世纪末退休金大幅上涨，同时覆盖范围扩大，带来了积极的政策反馈，而政策制定者的政治腐败则产生了消极的政策反馈，导致公众在20世纪初期不愿意接受其他类型的社会福利。可见，在过去20年中，政策反馈已经成为一个流行的概念，并被嵌入社会科学的比较研究领域中。政策反馈这个概念强调新的政策可以通过改变国家能力、加强集体行动的动力、改变利益格局等途径重塑新的政治动力（Political Dynamic）。这无疑与谢茨施耐德（Schattschneider）早期的一句经典的论断相吻合：新的政策带来新的政治。西奥多·洛威（Theodore Lowi）在几十年后也对这句话表示赞同。阿斯平安德森（Esping-Anderson）采用比较的方法，通过类似的逻辑来分析国家福利的历史演化，提出政治行为是由政策内容和结构塑造的观点。简言之，政策反馈描述了一个这样的政策循环系统：在 t_1 时间所制定的政策会对 t_2 时间的政策制定产生影响。

因此，从本质上看，政策反馈是指政策改变政治并影响政策未来发展方向的可能性。政治学家一直认为政策能够对政治施压。例如，传统的民主政治模型，从群体不满多元模型到理性的回溯性投票选择模型，再到研究公民对政策结果反应的系统模型，均在一定程度上体现了政策对政治的影响。然而这类政策的分析研究极少关注政治批准或否决范围以外的课题。政治家在法令颁布后会对政策做出反应，正如其在法令通过之前会采取行动一样：采取或不采取行动、奖励或惩罚政府官员等行为。政治家会出于对政策等外界因素的考虑，批准或否决具体的政府行为。从这些观点来看，政策不仅是政治目标，它们还是重新配置和凸显权力，重新定位政治关系，重新洗牌政治家身份，并决定观念、利益及偏向的政治力量。

政策反馈理论建立在历史制度主义理论的基础之上，强调规则、制度形塑政治参与者的观念与行为，在这种理论脉络下，政策不仅有解决政策议题的功能，也会对人的思想与行为产生作用，形成反馈效应。政策反馈理论在兴起之初表现出与历史制度主义的呼应性，特别反映在历史制度主义所提出的路径依赖概念上：历史制度主义的分析范式主要体现在它的结构观和历史观上。在结构观中，历史制度主义一方面强调了政治制度对于公共政策和政治后果的重要作用，另一方面也极为重视变量之间的排列方式；在历史观上，历史制度主义注重通过追寻事件发生的历史轨迹来找出过去对现在的重要影响，强调政治生活中路径依赖和制度变迁的特殊性，并试图通过放大历史视角来找出影响事件进程的结构性因果关系和历史性因果关系。政策反馈研究起初着重强调积极的政策反馈（Positive Policy Feedback）。皮尔森（Pierson）将积极的政策反馈定义为在过去政策的影响下，之前所制定实施的政策提高了现有政策安排的收益或者降低了现有政策制定与实施的成本，即已有的政策安排加强了现有政策的制定与实施。

三、公众与政策反馈

从公众层面开展实证研究，验证政策对公众的意义及对公众的影响，是学者进行政策反馈理论研究的主要关注点。在大众阶层，政策反馈理论研究了政策“塑造公民”并影响公众的途径。坎贝尔（Campbell）总结说，政策通过影响相关政治资源的分配、公众对政治效率和政治利益等政治参与过程的感受及利益集团和其他组织进行情感动员的可能性来构建公民参与的模式。政策向公众传达公民立场、集团功绩及社会问题本质等相关线索。例如，向老兵提供教育福利的《退伍军人权利法案》（Servicemen's Readjustment Act of 1944）促进了老兵的信仰、身份和技能，巩固了老兵的公民参与度。相反，有刑事审判或家长式福利政策经历的公民会对政府和社会形成负面看法，从而受到政治排挤。

同制度主义学者“打开了管理制度黑匣子”一样，政策反馈学者也开始涉入所谓的公共政策“黑匣子”，探索具体政策因素影响公众政治行为的方式。近期关于政策反馈影响的大部分学术研究都在试图确定并解释政策影响政治进程的机制。梅特勒（Mettler）提出一个描述政策因素影响普通公众参与公民活动积极性的模型，该模型建立在皮尔森资源和解释效应纲要的基础上，核心内容是公众层面的政策反馈机制包括政策资源效应与解释效应。皮尔森明确提出：已颁布的政策能够决定政治精英行为、组织利益及大众态度，而这一目标主要通过以下两条途径实现。

（1）解释效应是指因为政策往往传递信息和意义，从而影响政治理解和态度。政策根据某些共同特征确定公众群体的成员身份，并赋予一定的边界，通过规定群体成员身份，政治家决定了受益人群体得到的政府支持，并确定应受到惩罚措施的人群，以及需要按照特定方式改变行为的人群。除通过特定政策向特定群体提供利益外，政策语言和内容也可向目标群体贴上社会或政治立场，不论这一结果是出于有心的还是无意的。例如，某些政策向“有资格”的人群提供一整套福利，而其他人群则必须在能够始终证明其需要时，才能够享受福利。被构建的身份可能具备规范和评估的双重本质，并能够让一个群体获得积极或消极的态度。由此，特定群体的产生可以影响成员对自身的认知及其参与政府活动的相对价值。因此，具体政策的设计和执行可以影响个人和群体对自己公民身份的认识，以及其对政府机构的评估。这类评估能够反过来影响公民决定是否参与政治活动。

（2）资源效应为政治活动提供手段和激励。例如，资源效应在非洲裔退伍军人中体现得最为明显，那些接受《退伍军人权利法案》政策福利的军人获得了其他非洲裔军人没有得到的教育机会。这些技能、资源和网络对受益人在民权运动中的帮助尤其突出，对其在之后的正式政治活动中的帮助也十分明显。再如，政策福利还可通过为个人和组织提供激励措施，从而提高其政治参与度。该效应在坎贝尔的社会安全调查研究中表现得尤其突出，调查发现，社会安全政策提供的资源极大地鼓励了个人参与政治活动，以维护和巩固其利益。利益带来的经济效益也推动老年人，尤其是中低收入老年人参与各种政治活动，以鼓励代表他们利益的人保护相关政策创造的福利，因为他们需要每月发放的社会保险金。这些思想促使学者转向更深入的实证研究，以确定其作用机制。

综上所述，在过去20年里，学者们在探索政策反馈理论中解释效应与资源效应的发生和深层机制上已经迈出了很大的一步。公民资格、政府角色可见性、资源提供方式、覆盖范围及政府官员的自主行为与干预行为等因素都能影响政策所产生的态度反应。在政策科学中，政策反馈将扮演越来越重要的理论概念角色。人们在改变政策的过程中，自己也发生了改变。

第三章

中国核电项目选址决策过程中的公众沟通

本章在参与式观察与访谈的基础上，结合政策文本、工作记录等资料，介绍了核电项目选址与前期工作的决策过程，并在此基础上介绍了2013年由国家核安全局引入的公众沟通工作方案及第一个政策试点城市——葫芦岛市的政策实践情况。可以看出，随着公民社会的崛起与公众对核电技术关注度的日益提升，政府与核电企业开始注重公众在核电项目选址决策过程中的角色与作用，并试图通过多种政策工具影响公众观念，进而达到提升核电项目公众接受度、保证核电建设顺利开展的政策目标。

通过案例分析，本章总结出在核电领域开展公众沟通工作的三种政策工具：科普宣传、情感动员及公众参与。尽管这三种政策工具往往以相同的形式交织使用，且最终的政策目标均为提升核电项目公众接受度，但其所作用的公众心理及政策初始目标有所不同。科普宣传作用在公众的知识层面，旨在提升公众在核电技术认知上的科学素养；情感动员作用在公众的情感心理层面，旨在激发公众的集体主义情怀；公众参与作用在公众的信任心理层面，旨在增强公众对政府、企业、科学家及媒体的信任程度。

第一节　研究方法与资料获取

已有政策过程理论与科技社会学理论的研究成果提出政策反馈对于公众观念（包括公众对科学的理解）的影响，然而我们却难以从相关研究中识别出哪些政策要素会影响核电项目公众接受度。从实践上看，不同国家和地区在提升核电项目公众接受度方面所采取的政策干预也有所不同。因此，本章采取单案例研究方法，试图识别在核电项目的选址决策与前期工作过程中，政府旨在影响公众观念、提升核电项目公众接受度所采取的政策工具。

尽管单案例研究在以实证主义为导向的研究路径中颇受争议，但学术界普遍认同单案例研究能够帮助学者提出更为全面的研究假设。在政策反馈影响公众观念的理论预设下，本书通过定性资料搜集完成单案例研究，以期为后续的概念模型与研究假设的提出奠定基础。

根据 Yin 的建议，本书主要通过对公众沟通政策制定与执行过程中的关键人物进行访谈和收集项目相关的文档记录来获取识别影响公众接受度的政策工具的案例资料，如表 3-1 所示。其中，访谈是本书的一个主要信息来源，访谈的主要对象包括国家核安全局局长及相关部门处长，地方政府相关部门负责人，中国核工业集团相关处室负责人，中核辽宁核电有限公司、其他核电项目建设单位、清华大学及国务院发展研究中心等研究机构的专家等。笔者根据受访者背景，在与学术共同体讨论的基础上，确定有针对性的访谈提纲和访谈重点，采用半结构化的深度访谈，访谈一般持续 1～2 小时，征得受访者同意后，对访谈进行了录音，在访谈后 12 小时内予以整理。本书充分利用了国家核安全局、地方政府及核电集团的相关政策文件与环评资料，充分利用了企业内部工作日志、企业网站、企业开展公众沟通工作的宣传资料及新闻报道等形式的信息。此外，为保证所获得资料的可信度，笔者作为观察员进行参与式观察。值得注意的是，尽管本书选取了葫芦岛市作为单案例研究的样本，但为实现信息多渠道相互验证，本书同时访谈了其他有核电项目的地方政府相关部门及核电项目集团。

表 3-1　案例研究资料来源

对象类别	访谈	文档
国家核安全局	2014 年 1 月、4 月分别访谈国家核安全局局长，共计两次；2014 年 2 月、4 月与 10 月访谈相关部门处长 4 人次	公众沟通指南、内部讲话稿

续表

对象类别	访谈	文档
地方政府	2014年4月、5月、6月、8月，访谈包括地方政府牵头副市长、发改委、核电办、环保局、科协等政府部门负责人在内共计14人次	地方政府公众沟通工作规划与总结、内部讲话稿
核电集团	2014年5月、12月，分别访谈中国核工业集团有限公司、中国广核集团有限公司负责公众沟通工作的处长共计3人次	核电项目前期工作流程介绍、核电集团网站及宣传册
核电项目单位	2014年1月、4月、5月、6月、8月分别访谈阳江核电站、葫芦岛市徐大堡核电站、连云港市田湾核电站、烟台市海阳核电站、惠州市惠东核电站、汕尾市陆丰核电站负责公众沟通工作的副总及相关工作人员共计18人次	核电项目单位开展公众沟通的工作规划与总结、工作日志、总结PPT、对外宣传材料、网站、环评材料、座谈会会议记录等

第二节　中国核电项目选址与前期工作的决策过程

一、核电项目决策主体

作为典型的大型工程建设项目，核电项目的开发始终是与各相关方紧密联系的，其中主要涉及以下决策主体：国务院、政府部门（行业管理部门与安全监管部门）、项目发起人（企业）。这三个主体对选址决策有着不同的出发点，在决策分析与评价过程中的任务和角色也有所不同。由于整个核电项目从决策阶段开始就必须承担保证核安全的责任和风险，巨大的项目投资也直接影响国家能源产业和核电企业及地方社会经济可持续发展与收益回报，因此整个前期工作的各方决策主体始终以确保核安全为前提。

1. 国务院

根据《国务院关于投资体制改革的决定》（国发［2004］20号），核电项目由国务院核准，国务院的基本职责包括以下三个方面。

（1）国务院投资主管部门编制国家核电中长期发展规划，对纳入规划的项目应完成厂址《初步可行性研究报告》评审，规划审批权限在国务院。

（2）国务院投资主管部门根据国务院批准的国家核电中长期发展规划，发放同意某项目开展前期工作的函，主要征求有关部门就建设核电项目的初步意见，各部门反馈意见将作为项目核准的支持性文件。

（3）国务院投资主管部门根据项目投资方和地方政府投资主管部门申报的项目核准申请，审查该项目是否具备条件后，报请国务院常务会议审查。

2. 政府部门（行业管理部门与安全监管部门）

在核电领域，政府部门的两大职能分别为核安全管理职能和行业管理职能。目前，核安全管理主要由国家核安全局负责，行业管理分属国家能源局和国防科工局。核安全监管部门承担着独立的核安全监管职能，通过颁布与执行核安全法规、导则，对从核电项目选址到项目核准开工建设的整个阶段进行核安全监管，并实施核安全许可制度。通过一系列严格的管理措施，确保公众利益和生态环境不受损害，确保核电项目满足经济和社会发展需求。除国家核安全局外，各省市均设有环境保护部门（核安全部门）。核电项目选址、设计、建造、调试、运行和退役期间所有与核安全相关的活动均由国家核安全局统一监管。

3. 项目发起人（企业）

核电项目发起人又称投资方、业主，其发起核电项目旨在通过企业平台，在为社会提供绿色、清洁、安全的核电能源的同时寻求核电项目的投资回报。项目发起人根据项目的市场和环境、企业的资金和战略等因素，可能联合其他企业共担责任和风险、共享未来效益，共同组建项目公司作为核电项目开发业主。目前，中国主要的三家核电控股开发单位是中国核工业集团有限公司（以下简称中核）、中国广核集团有限公司（以下简称中广核）、中国电力投资集团公司（以下简称中电投）。建设单位在项目开工前应按照国家有关规定办理工程质量监督手续。

中国核电项目管理体制如图 3-1 所示。

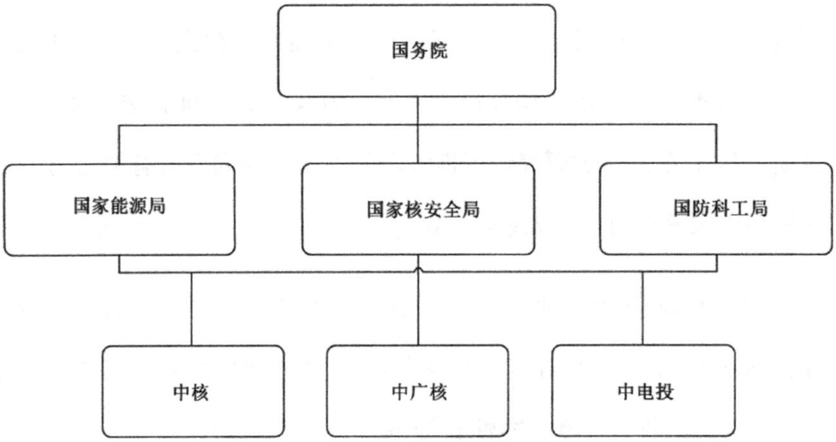

图 3-1　中国核电管理体制

二、核电项目前期工作阶段划分

核电项目前期工作涉及专业广、参与单位多，接口管理复杂，整个项目各阶段工作之间紧密相连，且往往交叉进行，所以阶段划分并没有严格、清晰的界限。中国核电项目规划和项目核准的审批权限在国务院，根据中国核电项目呈批的程序和特点，从核电项目发起人的角度出发，可以将前期工作大体分为两个阶段，即项目策划阶段和项目准备阶段。

1. 项目策划阶段

项目策划阶段的决策目标是开展项目地址选择，确定优选厂址中请进入国家核电中长期发展规划。一般由项目发起人主导，委托专业的设计咨询机构或者工程公司，开展开发策划、厂址普选、初步可行性研究等工作，通过研究论证推荐项目方案，并向政府有关部门申报，争取列入国家核电发展规划。

（1）厂址普选。项目发起人通过室内选点结合现场勘探选出可能的核电厂址，并对可能厂址进行初步筛选和比较，经过技术可行性、安全可靠性、环境相容性和经济合理性等几方面进行综合分析，筛选、推荐出两个以上相对独立且条件好的候选厂址，并形成《厂址普选报告》。

（2）初步可行性研究。项目发起人在形成《厂址普选报告》之后，针对候选厂址的岩土、水文、气象、环境、地形、地震地质及运输等方面进行初步可行性研究，并形成专题报告。此外，项目发起人需要获得省级发改委同意开展核电项目前期工作的意见，以及在国土资源、环境保护、水文、文物、林业、海洋等方面取得省级相关部门的支持性意向文件，最终上报国家发改委审批开展前期工作（“小路条”）。

2. 项目准备阶段

项目准备阶段一般以国家发改委批准项目开展前期工作（“小路条”）为起点，以国务院核准（“大路条”）与主体工程浇灌第一灌混凝土的项目开工为终点。在这一阶段，核电项目发起人需要完成可行性研究并开展工程前期准备，在完成项目行政许可工作之后提交《项目申请报告》至国务院核准。

（1）可行性研究。这一阶段的可行性研究是在初步可行性研究的基础上，进一步对核电项目的可行性进行全面研究，具体包括对推荐厂址进行综合性勘察、测试、观测和试验，落实建厂条件，编制《厂址安全分析报告》《环境影响评价报告》等；研究确定厂址特征数据，制定工程技术方案；提出包括工程量估算、管理方式、进度、人员方案在内的工程建设和运行方案规划；论证经济可行性，进行工程投资估算，并提出资金需求与筹措方案。可行性研究是投资方进行投资决策的主要依据，也是编制最终的《项目申请报告》的依据。

（2）工程前期准备。工程前期准备是指核电项目发起人在获得国家同意开展核电项目前期工作至项目获得正式核准期间针对工程建设开展的准备工作，具体包括成立具备独立法人资格的项目业主公司；配合地方政府开展征地安置工作；开展厂区设计与施工图设计，完成“四通一平”和临时设施建设等。

（3）项目行政许可申请及审批。核电项目行政许可涉及核电项目建设占用或使用社会资源，对应政府主管部门的管理许可和核电项目的国务院核准批复许可。需要政府主管部门批准的事项有项目用地、用海、用林、用水等；《可行性研究报告》《厂址安全分析报告》《环境影响评价报告》及《项目申请报告》经过专业咨询机构审查或者评估之后，由政府主管部门、行业管理部门批准。

第三节　核电项目选址决策过程中的公众沟通

一、公众沟通概述

随着我国信息公开力度不断加强，公众对重大项目工程建设日益关注。但长期以来，公众难以有效参与重大项目工程建设的相关决策过程，由此引发的公众对重大项目建设的抵制日益增强，甚至引发出“邻避运动”。核电技术具有较强的争议性，长久以来备受公众质疑，特别是福岛核泄漏事故以来，公众对核电技术推广的质疑加强，全球的反核运动此起彼伏。中国在福岛核泄漏事故发生不久之后也出现反核现象。尽管在 2012 年国务院开始重新启动核电项目，但在核电项目选址过程中依然存在公众抵制现象。

为了让公众了解核电技术的科学原理与战略意义，消除对核电技术的恐慌，提升核电项目公众接受度，并推动地方政府与核电企业加强决策过程的透明度与开放度，由国家核安全局设计政策方案、地方政府发布并执行的一场核电领域公众沟通工作在 2013 年开始悄然酝酿。2013 年 5 月，辽宁省人民政府、中核、国家核安全局联合发布了《辽宁省葫芦岛市徐大堡核电项目公众沟通工作方案》；2014 年 2 月，广东省人民政府、中广核、国家核安全局联合发布了《广东省汕尾市陆丰核电项目公众沟通工作方案》。作为福岛核泄漏事故之后国家发改委发放“路条”的两个新建核电项目，葫芦岛市徐大堡核电项目与汕尾市陆丰核电项目成为首次由中国政府主导的核电领域公众沟通工作的试点项目。2014 年 8 月，国家核安全局在进行政策试点之后形成《核电项目公众沟通工作指南（草案）》并向中核、中广核、中电投三家具有核电建设资质的集团公司征求意见，这意味着公众沟通工作将作为新的内容嵌入核电项目建设的前期工作中。

二、公众沟通工作的两个层面

核电领域的公众沟通工作旨在通过地方政府与核电企业采用多种政策工具，在核电项目厂址选择、建造、调试、运行和退役等主要阶段实施公众沟通工作，进而提升核电项目公众接受度，保障核电建设有序发展。国家核安全局，核电项目所在地省、市政府，项目集团单位及项目建设单位共同参与核电项目公众沟通工作，组成政策主体，具体分成领导小组与执行组两个层面。

（1）领导小组由核电项目所在地省人民政府组织省政法、宣传、公安、发改委、通信等部门及市人民政府、核电集团等单位和部门的相关人员组建而成。核电项目所在地省人民政府为领导小组第一责任单位，原则上由核电项目所在地的副省长担任领导小组组长。领导小组的主要工作内容如下：①领导核电项目公众沟通工作。②统筹处理超出项目所在市的公众沟通工作。③重大舆情和跨省、跨市舆情的指挥调度和信息发布，包括根据需要确定舆情事件应对的省人民政府新闻发言人，拟定应对口径，召开新闻发布会，接受媒体采访等。

（2）执行组由核电项目所在地市政府及市政法、宣传、公安、发改委、通信等部门，核电项目所在地县级人民政府，核电项目建设单位的相关人员组建而成。执行组的主要工作内容如下：①组织实施核电项目公众沟通工作。②配合实施超出项目所在市的公众沟通工作。③一般舆情事件的应对，包括根据需要确定舆情事件应对的市人民政府新闻发言人，拟定应对口径，召开新闻发布会，接受媒体采访等。④配合重大舆情和跨省、跨市舆情的处理。⑤实施舆情监测，跟踪舆情进展，及时向领导小组内部、执行组及执行组办公室通报舆情信息及处理进展。

具体而言，各部门职责如表 3-2 所示。

表 3-2　各相关政府与企业部门在核电项目选址决策过程中的公众沟通工作的职责

参与部门	职责
国家核安全局	制订公众沟通工作指南
	审查核电项目公众沟通工作方案
	监督核电项目公众沟通工作的政策执行过程
	评估核电项目公众沟通工作的政策执行效果

续表

参与部门	职责
核电项目所在地省人民政府	批准核电项目公众沟通工作方案
	组织各相关单位，建立核电项目公众沟通组织机构并明确各单位职责
	组织省人民政府有关部门按照职责分工实施公众沟通工作
	统筹跨省、市的公众宣传及公众参与工作
	舆情监测及舆情信息通报，统筹重大舆情的应对及跨省、市的舆情应对工作
核电项目所在地市人民政府	编制核电项目公众沟通工作方案
	作为核电项目公众沟通工作的实施主体，组织核电项目所在市、县人民政府及有关部门实施公众沟通工作指南规定的公众宣传、公众参与工作和市辖区内一般舆情的应对工作
	在核电项目厂址选择阶段实施项目建设信息公告
	舆情监测及舆情信息通报
核电集团	认可核电项目公众沟通工作方案
	舆情监测及舆情信息通报
	提供必要的技术支持
核电项目建设单位	编制核电项目公众沟通工作方案
	实施公众宣传工作
	主动公开项目建设进展情况
	舆情监测及舆情信息通报
	提供必要的技术支持

资料来源：国家核安全局颁布的《核电项目公众沟通工作指南》及访谈资料。

三、公众沟通的政策工具

根据《核电项目公众沟通工作指南》，地方政府需要采取科普宣传、情感动员、公众参与三种政策工具（见表 3-3）开展公众沟通工作，关注厂址半径 30 千米范围内可能受项目建设、运行直接或间接影响的公众，并重点关注厂址半径 5 千米范围内的公众，进而提升核电项目公众接受度。

表 3-3　核电领域公众沟通工作的政策工具

政策工具	政策目标	地理范围	组织形式
科普宣传	提升公众对核电项目运营与核辐射风险等的认知，推动公众理性接受核电项目	0～30 千米	大篷车宣传、媒体宣传、宣传展板、科普资料发放、科普知识竞赛、建设开放核电科普馆等
情感动员	宣传核电项目对于国家经济发展、低碳转型、当地经济发展等方面的意义，提升公众集体主义价值观	0～30 千米	媒体宣传、社区或村庄组织动员、大篷车与展板宣传等
公众参与	了解公众看法，推动公众增强对政府、核电企业、科学家与媒体的信任	0～30 千米	座谈会、听证会、开放核电站、入户调研等

（1）科普宣传。科普宣传由项目所在地政府与核电项目建设单位组织实施。根据国家核安全局要求，科普宣传工作应从核电项目厂址选定开始，贯穿核电项目厂址选择、建造、调试、运行和退役全过程。宣传的内容一般包括核电技术科学原理和项目情况介绍两个方面。核电技术科学原理由核电项目所在地市政府组织，由核电项目建设单位具体实施，涉及宣传核能的发电原理、核电辐射、核电项目运营管理、核事故发生原因及核应急知识等方面，核电技术科普宣传宜突出核电安全、高效、经济、环保的特性，世界核电发展状况和中

国核电建设情况，中国核电的安全监管情况等，具体形式包括如举办科普讲座、发放宣传资料、组织参观、组织特色活动、传统媒体宣传（如报纸、杂志、电视、广播等）、新媒体宣传（如微博、论坛、微信、短信等）等。

（2）情感动员。情感动员旨在通过宣传核电项目对国家经济发展、能源结构转型和低碳发展等方面的宏观意义及对地方经济发展、能源供给、民生水平的微观意义，激发公众的集体主义情怀，提升公众对核电技术发展的情感认同度。情感动员所采取的形式与科普宣传活动相似，但“更强调宣传的生动性”。

（3）公众参与。公众参与由项目所在地政府组织实施，通过问卷调查、座谈会、访谈等方式搜集公众对当地核电项目建设的意见。此外，已经建成运营的核电站可开放适当的厂区邀请公众参观。公众参与旨在加强政府、企业、媒体及公众之间的互动交流，努力“提升公众对政府、企业以及媒体的信任”。公众参与重点关注可能受项目建设直接影响或间接影响的公众（包括厂址半径 30 千米范围内的公众、企事业单位和社会团体等）。参加座谈会的单位和个人至少包括项目所在地政府、项目建设单位和公众代表。公众代表应“兼顾社会各界，并考虑选择对核电项目建设有顾虑的公众”，涉及跨省、市实施公众沟通工作的情况，实施单位应“邀请相邻省、市的政府和各界代表参加座谈会，并考虑选择对核电项目建设有顾虑的公众”。

四、公众沟通工作试点实践

由国家核安全局发布的《核电项目公众沟通工作指南》于2013年开始在葫芦岛市、汕尾市等地开始试点。其中，葫芦岛市作为即将开工建设核电项目（徐大堡核电项目）的城市，成为最早开展核电领域公众沟通工作的样本。徐大堡核电项目是具有30年历史的老项目，项目厂址是“熟”厂址，因军事设施等问题，该项目被迫沉淀30年之久。2009年，经过长期的项目策划阶段，中核辽宁核电有限公司成立，分别由中国核能电力股份有限公司出资50%、中国大唐集团核电有限公司出资24%、江苏省国信资产管理集团有限公司出资12%、浙江浙能电力股份有限公司出资10%、中核投资有限公司出资4%共同组建[①]。2010年12月13日，国家发改委办公厅批复了《关于同意辽宁徐大堡核电一期工程开展前期工作的复函》，这意味着徐大堡核电项目取得“小路条”，可以开展前期工作。福岛核泄漏事故发生之后，国务院组织对核设施展开新一轮的安全检查，并加强了对新上核电项目的严格审批，因此徐大堡核电项目推迟了开工建设进度。

① 资料来源：中核辽宁核电有限公司简介，http://www.cnlnpc.com/index.php?m=content&c= index&a=lists&catid=14。

拟建的徐大堡核电项目厂址位于葫芦岛市兴城海滨乡徐大堡村南侧海岸边；地理坐标为东经 20° 31′ 45″ ～120° 33′ 22″ ，北纬 40° 20′ 5″ ～40° 21′ 32″ ，总投资 1100 亿元以上，规划建设 6 台 125 万千瓦级三代 AP1000 压水堆核电机组，一次规划，分批建设。一期投资 400 亿元，建设 2 台 125 万千瓦级核电机组[①]。

2013 年 10 月，在国家核安全局的力推下，葫芦岛市制订出《辽宁省葫芦岛市徐大堡核电项目公众沟通工作方案》并开始执行。根据该方案，成立了以辽宁省副省长为组长的领导小组，领导小组成员来自宣传、政法、发改委、公安、国土、环保、通信等党政部门的相关负责人及中核负责人，此外还成立了以葫芦岛市委书记为组长、葫芦岛市相关政府部门负责人为成员的执行小组。从 2013 年 10 月起，葫芦岛市举行了密集的公众沟通活动。2013 年 11 月 13 日，葫芦岛市政府向葫芦岛市人大提交了《葫芦岛市人民政府关于提请同意批准在葫芦岛市建设徐大堡核电项目的议案》，并于 2013 年 11 月 15 日的葫芦岛市人大常委会上审议表决通过了该议案。葫芦岛市开展核电领域公众沟通工作的经验被认为是重大的管理创新，徐大堡核电项目公众沟通工作的成功经验为新建核电项目乃至国家其他重大项目解决公众接受度问题提供了工程范例，值得借鉴和参考。目前，葫芦岛市的核电领

① 资料来源：中核辽宁核电有限公司简介，http://www.cnlnpc.com/index.php?m=content&c=index&a=lists&catid=14。

域公众沟通工作的政策实践经验已经开始被推广，福建漳州核电、福建宁德核电、广东陆丰核电等核电项目企业与所在市政府开始学习葫芦岛市的公众沟通工作经验。具体经验如下。

（1）在科普宣传方面的经验。从 2013 年 10 月开始，葫芦岛市政府组织中核辽宁核电有限公司在全市范围内开展了广泛有效的公众宣传工作，以“科普十五进”为主线[①]，通过常态化活动（院士讲座、核电展厅参观、科普宣传车宣传、科普宣传品制作发放、组织干部群众代表到运行核电站考察等）、特色活动（核电杯作文大赛、电影进社区、核电杯青少年创意作品展、核电杯书画作品及摄影作品展、妇联大会、科普进校园）、媒体宣传（杂志、电视、广播、短信平台、官方微博、微信等），针对科普层面和项目层面对公众进行核电技术知识宣传工作，普及核电技术基础知识，以增进葫芦岛市公众对辽宁核电公司徐大堡核电项目的了解，消除葫芦岛市公众因日本福岛核泄漏事故对核电技术的误解，提高葫芦岛市公众对徐大堡核电项目建设的接受度。从内容上看，科普宣传涉及核电安全、高效、经济、清洁的能源特征；核电技术基础科普常识；世界核电技术发展状况；中国核电技术发展政策和规划；核电安全性和核安全管理知识等。科普宣传旨在提高当

---

① 根据《辽宁省葫芦岛市徐大堡核电项目公众沟通工作方案》，“科普十五进”是指送核电科普知识进政府机关、进农村、进妇联、进团委、进科协、进教育系统、进媒体、进行业、进社区、进部队、进公检法、进出租等。

地公众有关核电知识的科学素养，推动公众能够理性看待核电项目的效益及风险，进而提升公众对徐大堡核电项目的接受度。

（2）在情感动员方面的经验。在实践中，情感动员往往与科普宣传以同样的形式开展。但与科普宣传不同的是，葫芦岛市在公众沟通工作中开展情感动员的目的在于使公众意识到核电技术发展对国家与家乡建设的重要意义，激发公众的集体主义情怀，进而提升核电项目公众接受度。因此，从内容上看，情感动员强调以下几个方面的内容：徐大堡核电项目建设对国家和地方具有促进经济建设、优化产业结构、调整能源结构和改善环境质量的重要意义；徐大堡核电项目厂址、技术安全的特点；项目建成运行后对当地群众在就业、收入、教育、文化生活等方面的促进作用；业主公司项目管理、环境评价与核安全审查、企业文化、队伍建设、徐大堡核电项目生产建设等内容，以及公司先进人物、先进事迹等。

（3）在公众参与方面的经验。在葫芦岛市开展公众沟通工作的方案设计与执行中，公众参与作为一种政策工具被葫芦岛市政府所采用。在科普宣传与情感动员“单向信息传递”的基础上，政府与核电企业向公众提供意见表达的渠道与途径，收集公众对核电项目建设的观点与意见，增强公众对政府、核电企业、科学家与媒体的信任，进而提升公众对核电项目的接受度。具体形式包括观念调研、座谈会及人大常委会审议。观念调研以问卷调查的形式开展。葫芦岛市政府于 2013 年

11 月 11 日组织开展了徐大堡核电项目的问卷调查活动。问卷发放对象主要为可能受项目建设直接影响或间接影响的公众，结合公众沟通科普宣传工作的覆盖范围，重点关注厂址半径 15 千米范围内的公众。被调查公众主要以厂址周围的农民为主，另涉及工人、学生、商人及公务员等人群。在问卷调查活动结束后，葫芦岛市政府组织兴城市政府核电办、中核辽宁核电有限公司共同开展了问卷回访工作。对收回的 759 份有效问卷进行了实地回访或电话回访，进一步征求被调查人员对核电项目建设的想法。在问卷调研的基础上，葫芦岛市政府在 2013 年、2014 年分别举行以公众沟通为主题的座谈会。座谈会公众代表来自葫芦岛市兴城市及邻近绥中县，涉及工人、农民、商人、学生、公务员及待业人员等。此外，座谈会还邀请了核能科学家、环评专家及媒体代表。座谈会以公众提问、政府与专家回答的形式举行，内容涉及核辐射风险拆迁补偿与安置、本地经济效益、电力供应效益、技术原理、施工质量。不同职业的公众代表所关心的议题如表 3-4 所示。

表 3-4　座谈会公众代表关心的议题

代表类型	关心议题
拆迁户代表	拆迁范围从核电厂半径 500 米扩大到 800 米的原因
	拆迁补偿问题
	搬迁后的社区基础设施问题
	核电项目进驻后的村容村貌问题
	核电企业能否考虑让附近拆迁户和村民们去核电企业工作

续表

代表类型	关心议题
商业代表	核辐射风险与徐大堡核电项目的安全保障问题
	徐大堡核电项目带给本地公众的经济效益
	施工质量
	AP1000 技术路线的先进性
工人代表	徐大堡核电项目未来对当地及东北地区的电力供给量
农民代表	土地征用后的农民再就业问题
学生代表	AP1000 技术路线原理
	核电企业针对本地学生设置的就业岗位及其数量

第四章

概念模型构建

首先，本章通过回顾已有核电项目公众接受度影响因素的研究成果，提出影响公众接受度的自变量（知识、情感、社会信任）与中介变量（利益感知、风险感知），在此基础上构建出影响公众接受度的中介变量模型并提出相关假设。其次，本章结合第三章案例研究的结论，将政府开展公众沟通工作采取的政策工具（科普宣传、情感动员与公众参与）引入初始概念模型，将公众对科普宣传的政策反馈、情感动员的政策反馈、公众参与的政策反馈作为调节变量，在初始概念模型的基础上构建出最终的概念模型并提出假设。

第一节　初始概念模型构建与假设提出

由于具有广泛的争议性与发生灾难时的极大破坏性，核电技术是学术界讨论新能源技术社会可接受度最热门的话题。围绕这一话题，已有研究重点讨论了究竟哪些因素会影响核电项目公众接受度，并于此基础上讨论公众在集体行动中的决策心理。

一般认为，核电项目的利益感知与风险感知直接决定了人们对核电项目的接受度。核电技术的推广及核电项目的建设不仅可以有效改善当地的能源供给结构，降低电价，同时还可以减少传统能源带来的碳排放，改善当地生态环境。此外，在核电项目建设和运营过程中可以将其作为一种产业，提供更多的就业岗位、税收，推动经济发展，甚至推动当地的民生发展。综上所述，公众对核电项目的利益感知与对核电项目的接受度呈正相关关系。

尽管发生核事故是小概率事件，但由于其后果的严重性，核电项目的技术风险一直是影响核电项目公众接受度的最重要因素。公众作为“外行”很难理解核技术危险的量化信息（Quantitative Information of a Hazard），如它的可能性，但是公众对核技术的判断却依赖核技术危险的质化特征（the Dreadness of the Hazard’s Consequences），如一个危险造成后果的可控性或可怕性。大量实证研究已经指出，对核电项目的风险感知与对核电项目的接受度呈负相关关系。这种负相关关系在实践上集中表现为在每次灾难之后，核电项目公众接受度会出现明显降低的趋势。部分研究在时间序列数据的二次分析的基础上分析核事故灾难带来的公众对核电项目风险感知的变化，进而影响核电项目公众接受度的可能性。林德尔（Lindell）和佩里（Perry）在切尔诺贝利核事故发生前5个月与发生后1个月对同样的69人进行了重复测度分析，认为切尔诺贝利核事故的发生增强了公众对核电项目的风险感知，进而降低了核电项目公众接受度，并提出公众对核电项目事故风险的认知可能不是基于稳定的认知，显现出了“伪意见”的特征。维普朗肯（Verplanken）采用对参与者们纵向分析的方法，分别于切尔诺贝利核事故发生2个月前、1个月后、6个月后、7个月后及1年后的荷兰公众对核电项目的态度及行为做了调查。该研究表明，在切尔诺贝利核事故发生后，公众对利益的认知并没有立刻改变，但事故加深了公众的风险感知并使公众认为荷兰核电站发生灾难性事故的可能性比以前要高。此外，福岛核泄漏事故之后，不少学者也通过时间序列数据对事故前与事故后公众对核电项目的风险感知、接受度等进行了测度，再次论证了由于风险感知的变化而引起公众接受度的变化。

通过对已有研究的梳理，我们不难看出，公众对核电项目的利益感知与风险感知将直接影响核电项目公众接受度。然而每一个人的内心是复杂的：利益感知与风险感知是公众对核电技术进行认知时的“表层心理”，这些“表层心理”又会受到“深层心理”的影响。因此，探究哪些因素影响核电项目公众接受度，还需要从更为深层的心理特征变量进行挖掘。通过文献综述，本书将其归纳为知识、情感与社会信任三类“深层心理”变量。

已有核电项目公众接受度研究指出，公众所具备的核电知识将会影响公众对核电项目的利益感知与风险感知，进而影响核电项目公众接受度。这些知识包括公众对核能发电、核电项目运营、核辐射风险等方面的知识。有关公众在接受核电项目过程中的知识角色的理论解释，前文已从公众理解科学的视角进行了介绍，这里不再赘述。从政策科学角度来看，知识的重要性不言而喻。对于解决问题，个人需要具备一定的相关知识，以便提出解决方案。然而个人更可能在信息不完善的情况下犯错误并选择不当的问题解决方案。当问题比较复杂或具有不确定性时，个人在解决问题时更有可能会利用不完善的信息。

很显然，知识影响着公众对某些问题的认知，如核能问题。然而，公众对知识的缺乏，以至公众和科学家以不同的方式看待同一问题。知识逆差模型（KDM）假定专家比公众更了解这些问题，这使得专家能够找出更适合解决问题的方案。这一点也体现为决策者在政策制定过程中倾向于咨询专家委员会。知识逆差模型（KDM）假定如果公众和专家们之间的知识差距缩小，那么这两个群体的态度更容易保持一致。从这一个角度来看，当公众能更好地获知信息时，公众和专家们在对待类似的政策选项时会一致起来，进而提升公众对某个政策方案的支持度。然而也有研究指出，当公众和专家群体之间出现分歧时，政策制定者的态度更可能反映选民的意见，这一点强调了公众在政策制定过程中的作用，同时突出了知识差距的重要性。

尽管学术界通过理论演绎得出知识对于公众接受度发挥影响；然而从实践层面来看，大部分公众认为自己对核电一无所知。因此，公众往往不能凭借他们在之前相关领域积累的知识来预测核能的风险；这时，他们在这些领域更多地依赖自己的情感与信任。

已有研究指出，公众对核电项目的风险认知和利益认知还受公众情感的影响。所谓的“情绪启发式”理论认为，人们在对一个有害事件进行评价时，是主要依据感觉的：如果对此事件的感觉主要是积极的，那么人们认为这是个风险小、益处多的事件，相反的，如果对此事件的大部分感觉是消极的，那么人们就认为这是个益处少、风险大的事件。很多研究人员把情感看作一般态度，如人们对核能的一般态度。

虽然情感在许多行为理论中起关键作用，但学术界很少把情感视为人做出判断和决策的重要组成部分。最先大力支持情感在制定决策中的重要性这一观点的人是扎荣茨（Zajonc），他认为，人们对刺激的情感反应通常是最初反应，这种反应自动发生并且随后指导信息处理和判断。根据扎荣茨的观点，所有的感知都包含了某种情感。正如扎荣茨所言：

“有时，我们自欺欺人地认为，我们理性地行事并且衡量了各种不同可选方案的所有利弊。但实际上，这种情况鲜有发生。在大部分情况下，‘我决定支持 X’不过是‘我喜欢 X’……‘我们购买自己喜欢的汽车、选择认为吸引我的工作和房屋，并且使用各种理由让这些选择看起来正当……’”

当人们在决策过程中权衡利益与风险时，情感依然扮演着重要的角色。具体而言，哈卡米（Alhakami）和斯洛维奇（Slovic）发现，可感知风险和可感知利益之间的关系与个人对危险的总体情感评估相关。如果人们喜欢某个活动，则趋向于判断该活动的风险为低风险而其利益为高利益。如果人们不喜欢这个活动，则会做出相反的判断——高风险和低利益。这种行为说明的模型与扎荣茨提出的观点类似。

对于缺乏专业知识的公众来说，社会信任是影响其对核电项目接受度的另一个关键要素。社会信任是指人们愿意依靠那些有责任就技术、环境、医药或其他公共卫生安全领域的管理做出决定并采取行动的人的意愿。“社会”一词用于强调受人信任的人（在组织中承担正式责任的人）的类别，虽然信任他们的个人本身可能并不认识这些人。在风险管理的实证研究中，学术界已在核废物处理感知、危险废弃物处理及风险、化工厂风险感知及食品辐照技术的接受度等领域发现，社会信任能够提升公众的利益感知且降低公众的风险感知。在对技术和灾难知之甚少的情况下，公众似乎依靠社会信任以评估核电项目的风险和效益，且公众的信任程度与对核电项目的风险感知呈负相关关系，与对核电项目的利益感知呈正相关关系。在核电领域，公众所信任的对象包括政府、核电企业、科学家与媒体。

在公众接受核电项目的心理认知过程中，当个人信息资源受到限制而无法做出决定和采取行动时，社会信任会发挥非常重要的作用。

已有实证研究指出，当人们不具备大量知识或不了解危险时，社会信任明显作用于对风险和利益的判断；相反，如果人们了解危险，则社会信任与对风险和利益的判断之间没有明显的关系。

基于上述文献综述，本书提出初始概念模型如图 4-1 所示。

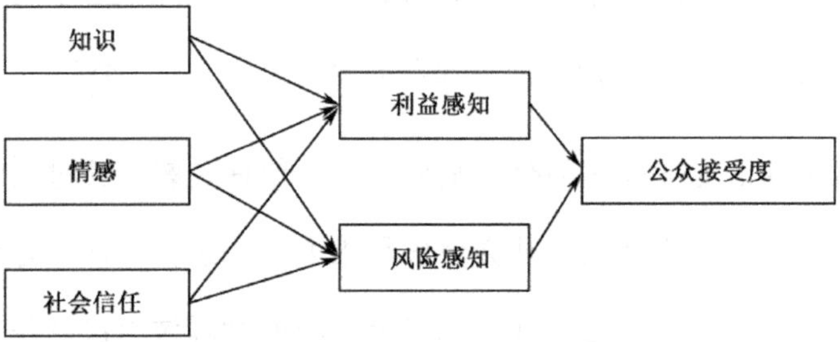

图 4-1 初始概念模型

根据有关核电项目公众接受度的文献综述，本书在初始概念模型的基础上提出以下五组假设。

（1）第一组假设：关于三类深层心理变量与核电项目的利益感知。

H1a：公众的知识因素与公众对核电项目的利益感知正相关。

H1b：公众的情感因素与公众对核电项目的利益感知正相关。

H1c：公众的社会信任因素与公众对核电项目的利益感知正相关。

（2）第二组假设：关于三类深层心理变量与核电项目的风险感知。

H2a：公众的知识因素与公众对核电项目的风险感知负相关。

H2b：公众的情感因素与公众对核电项目的风险感知负相关。

H2c：公众的社会信任因素与公众对核电项目的风险感知负相关。

（3）第三组假设：关于利益感知和风险感知与对核电项目的接受度。

H3a：公众对核电项目的利益感知与对当地核电项目的接受度正相关。

H3b：公众对核电项目的风险感知与对当地核电项目的接受度负相关。

（4）第四组假设：关于利益感知在公众的心理因素与公众对当地核电项目接受度关系中的中介效应。

H4a：利益感知在公众的知识因素影响公众对当地核电项目接受度中起中介作用。

H4b：利益感知在公众的情感因素影响公众对当地核电项目接受度中起中介作用。

H4c：利益感知在公众的社会信任因素影响公众对当地核电项目接受度中起中介作用。

（5）第五组假设：关于利益感知在公众的心理因素与公众对当地核电项目接受度关系中的中介效应。

H5a：风险感知在公众的知识因素影响公众对当地核电项目接受度中起中介作用。

H5b：风险感知在公众的情感因素影响公众对当地核电项目接受度中起中介作用。

H5c：风险感知在公众的社会信任因素影响公众对当地核电项目接受度中起中介作用。

第二节　引入政策反馈变量的概念模型与假设：基于案例研究

本章已就有关核电项目公众接受度的现有研究提出了初始概念模型，这一初始概念模型主要围绕公众的“内心世界”来探索公众接受度的影响因素。然而已有研究没有指出公众所处的“外在世界”，特别是所处的政策环境对于公众接受度的影响。因此，本节在第三章案例研究的基础上，将政策要素引入概念模型，以期探究影响公众接受度的制度要素。

第三章的案例研究展现了中国在核电项目选址决策过程中的公众沟通工作进展，并通过介绍首先开展公众沟通工作的试点城市——葫芦岛市的案例，总结出政府试图影响核电项目公众接受度所采用的三种政策工具，即科普宣传、情感动员与公众参与。通过第三章的案例介绍可以看出，尽管这三种政策工具所针对的最终目标均为提升公众对核电项目的接受度，但是各自发挥作用的机制即所发挥的政策调节作用有所不同：科普宣传作用于公众对核电项目的知识层面，调节公众的知识因素与对核电项目的利益感知、风险感知之间的关系；情感动员作用于公众的情感因素，调节公众的情感因素与对核电项目的利益感知、风险感知之间的关系；公众参与作用于公众对政府、企业、科学家及媒体的信任层面，调节公众的社会信任与对核电项目的利益感知、风险感知之间的关系。本书在通过第三章案例研究识别出试图影响核电项目公众接受度的制度要素之后，在提出初始概念模型的基础之上，加入政策反馈作为调节变量，构建出一个概念模型（见图 4-2）。

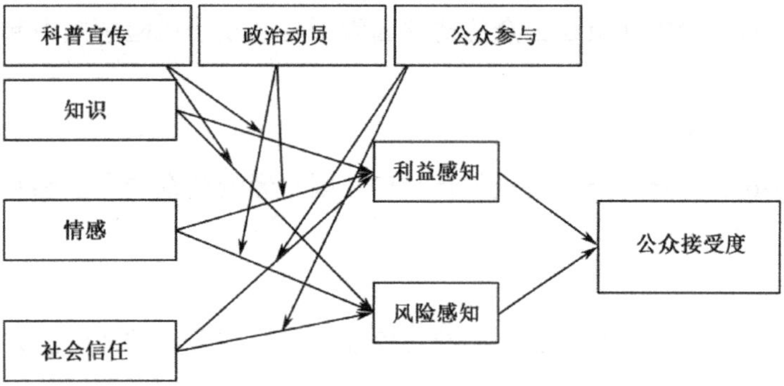

图 4-2 本书的概念模型

在这一概念模型中，公众的知识因素、情感因素与社会信任因素为自变量；公众对核电项目的利益感知与风险感知为中介变量；科普宣传、情感动员、公众参与为调节变量，核电项目公众接受度为因变量。在概念模型的基础上，本书提出了第六组假设。

第六组假设：公众沟通在公众的深层心理变量与表层心理变量中

发挥调节作用。

H6a：科普宣传在公众的知识因素影响公众的利益感知中起正向调节作用。

H6b：科普宣传在公众的知识因素影响公众的风险感知中起反向调节作用。

H6c：情感动员在公众的情感因素影响公众的利益感知中起正向调节作用。

H6d：情感动员在公众的情感因素影响公众的风险感知中起反向调节作用。

H6e：公众参与在公众的社会信任因素影响公众的利益感知中起正向调节作用。

H6f：公众参与在公众的社会信任因素影响公众的风险感知中起反向调节作用。

本章提出的假设汇总如表 4-1 所示。

表 4-1　本章提出的研究假设汇总

序号	研究假设
第一组假设：关于三类深层心理变量与核电项目的利益感知	
H1a	公众的知识因素与公众对核电项目的利益感知正相关
H1b	公众的情感因素与公众对核电项目的利益感知正相关
H1c	公众的社会信任因素与公众对核电项目的利益感知正相关

续表

序号	研究假设
第二组假设：关于三类深层心理变量与核电项目的风险感知	
H2a	公众的知识因素与公众对核电项目的风险感知负相关
H2b	公众的情感因素与公众对核电项目的风险感知负相关
H2c	公众的社会信任因素与公众对核电项目的风险感知负相关
第三组假设：关于利益感知和风险感知与对核电项目的接受度	
H3a	公众对核电项目的利益感知与公众对当地核电项目的接受度正相关
H3b	公众对核电项目的风险感知与公众对当地核电项目的接受度负相关
第四组假设：关于利益感知在公众的心理因素与公众对当地核电项目接受度关系中的中介效应	
H4a	利益感知在公众的知识因素影响公众对当地核电项目接受度中起中介作用
H4b	利益感知在公众的情感因素影响公众对当地核电项目接受度中起中介作用
H4c	利益感知在公众的社会信任因素影响公众对当地核电项目接受度中起中介作用
第五组假设：关于利益感知在公众的心理因素与公众对当地核电项目接受度关系中的中介效应	
H5a	风险感知在公众的知识因素影响公众对当地核电项目接受度中起中介作用
H5b	风险感知在公众的情感因素影响公众对当地核电项目接受度中起中介作用
H5c	风险感知在公众的社会信任因素影响公众对当地核电项目接受度中起中介作用
第六组假设：公众沟通在公众的深层心理变量与表层心理变量的关系中发挥调节作用	
H6a	科普宣传在公众的知识因素影响公众的利益感知中起正向调节作用
H6b	科普宣传在公众的知识因素影响公众的风险感知中起反向调节作用
H6c	情感动员在公众的情感因素影响公众的利益感知中起正向调节作用
H6d	情感动员在公众的情感因素影响公众的风险感知中起反向调节作用
H6e	公众参与在公众的社会信任因素影响公众的利益感知中起正向调节作用
H6f	公众参与在公众的社会信任因素影响公众的风险感知中起反向调节作用

第五章

基于多元回归分析的核电项目公众接受度研究

作为本书实证研究的核心内容，本章详细介绍了本书开展实证研究的全部过程，包括问卷设计、抽样、分析方法，以及描述性分析结果、信度效度检验、相关性分析结果及回归分析结果。本书基于对葫芦岛市与汕尾市开展问卷调研的结果，详细描述了公众对核电项目的接受度，公众对核电项目的知识、情感及社会信任，公众对核电项目的风险感知和利益感知的现状。在回归分析等统计方法的基础上，验证了第四章提出的假设。通过假设验证情况可以看出，知识因素在公众接受核电项目的心理过程中很难发挥作用，情感因素与社会信任因素会影响公众的接受度（通过利益感知与风险感知的中介效应）；旨在提升公众知识水平的科普宣传难以调节公众的知识因素与公众对核电项目的利益感知和风险感知之间的关系，而旨在提升公众情感的情感动员与旨在提升公众社会信任程度的公众参与却可以发挥调节作用。

第一节　研究方法

一、变量测度

本节将对本书的最终概念模型所涉及的自变量、中介变量、调节变量、因变量及控制变量进行逐一说明，介绍所需要测度的指标。各个变量的指标设计及其依据如下。

1. 被解释变量：公众对当地核电项目的接受度

基于关于公众接受度的定量研究中（包括公众对其他能源接受度研究）的经验，本书在问卷中直接测度核电项目公众接受度，即直接在问卷中询问受访者对当地核电项目的接受度如何。

2. 自变量：知识因素、情感因素、社会信任因素（深层心理变量）

对于知识因素，本书在文献综述中已经总结出核电知识、核辐射风险知识、核电项目运营知识及核危机应对知识，因此，本书对知识的变量以上述四类知识作为指标进行测度，在问卷中分别设计题项测度公众对上述四类知识的了解程度；针对情感因素，有研究已经指出情感因素对于公众接受核电项目的作用，但并未提出情感因素所包含的内容，因此，在问卷开展前的预调研中，笔者设置了开放性问题来搜集公众接受核电项目的情感因素，包括对核电项目对于我国经济发展意义的认同、对核电项目对于我国低碳转型意义的认同、对核电项目对于我国扩大能源供给意义的认同、对核电项目对于我国民生意义的认同；针对社会信任因素，本书同样依据文献综述得出社会信任因素的指标包括公众对政府的信任、对核电企业的信任、对科学家的信任以及对媒体的信任。

3. 中介变量：对核电项目的利益感知、对核电项目的风险感知（浅层心理变量）

对于核电项目的利益感知变量，文献综述已经总结出公众对核电项目的利益感知涉及提高用电供给量、减少本地碳排放、降低电价、提升本地经济水平及增加就业岗位等方面，因此本书将设计相关题项作为指标测度公众对核电项目的利益感知变量；对于核电项目的风险感知变量，本书同样依据文献综述，将这一变量按照核辐射恐慌、核事故恐慌进行指标设计。

4. 调节变量：科普宣传、情感动员与公众参与

对于上述调节变量，本书以是否参与科普宣传、情感动员及公众参与三个题项进行测度。

5. 控制变量：人口特征变量

本书所涉及的人口特征变量包括性别、年龄、受教育程度、职业、是否从事核电及其相关业务工作、是否有亲友从事核电及其相关业务工作等。

二、问卷设计

本书以核电项目所在城市的公众为分析单元，通过问卷调研的方式进行数据搜集。具体问卷设计的流程如下：①基于已有研究成果设计出初始问卷，对可以通过已有研究得到测度指标的变量进行题项设计。②对于政策反馈变量，由于无法从已有研究得出哪些政策工具用来影响公众观念并提升公众的接受度，本书通过案例研究（第三章）得出政策工具类型，并对其设计题项并嵌入初始问卷中。③对于情感变量，同样由于无法从已有研究得出具体的指标设计，因此笔者将其作为开放性问题进行题项设计并纳入初始问卷中。④笔者在葫芦岛市与汕尾市分别发放了50份问卷进行预调研。⑤问卷修改。笔者在预调研结束后，吸收了受访者对问卷中语言表达方式的建议，同时对以开放性问题设置的情感因素进行统计，最终实现各个变量的指标设计。⑥专家咨询。笔者在上述步骤的基础上，请社会科学研究方法专家、环评专家、咨询公司等对问卷提出建议，不断修改问卷，使问卷经历了 9 个版本的改进。⑦最终问卷形成。整个问卷设计与修改阶段历时 9 周。在问卷中，自变量（知识因素、情感因素、社会信任因素）、中介变量（利益感知与风险感知）、因变量（公众接受度）以 7 级量表的形式进行题项设计。调节变量（科普宣传、情感动员、公众参与）与控制变量（人口特征变量）以分类变量的形式进行题项设计。

此外，笔者在问卷中针对调研员设计了若干题项，用于调研员评估、总结每一份问卷的调研质量。

三、抽样与数据搜集

1. 抽样

本书以目前仅有的两个在核电项目选址阶段开展公众沟通工作的试点城市——葫芦岛市（徐大堡核电项目）与汕尾市（陆丰核电项目）开展问卷调研。总体来说，根据公众沟通工作开展的空间范围，本书以核电站为中心，以居住在距离核电站 0～5 千米、5～15 千米与 15～30 千米[①]三个地理范围的公众作为样本框进行抽样，并对每个地理范围进行样本配额：对居住在距离 0～5 千米、5～15 千米与 15～30 千米的样

① 三个地理范围具体划分如下：0～5 千米为大于 0 千米、小于等于 5 千米；5～15 千米为大于 5 千米、小于等于 15 千米；15～30 千米为大于 15 千米、小于等于 30 千米。后文同，不再进行说明。

本框分别配额 80 个样本、100 个样本与 120 个样本，并在此基础上进行抽样。本书采取了分阶段抽样的抽样方案，具体步骤如下。

（1）第一阶段：以距离核电站 0～5 千米、5～15 千米与 15～30 千米的所有行政村或社区作为样本框，抽取拟调研的行政村或社区样本。

1）通过 GIS 系统，识别每个城市中距离核电站 0～5 千米、5～15 千米与 15～30 千米的行政村与社区的数量。

2）对每个地理范围内的行政村或社区样本数量进行配额，配额比例为 3:4:5。

3）根据每个地理范围内的行政村或社区样本数量及配额比例，决定每个地理范围内所抽取的样本。

4）在每个地理范围内随机抽取行政村或社区。

（2）第二阶段：在第一阶段抽取出的行政村或社区中，抽取居民作为样本。

1）识别第一阶段中抽取的每个行政村或社区的家庭数量。

2）按照分层比例抽样的方法，决定在第一阶段抽取的每个行政村或社区中拟抽取的家庭数量。

3）根据样本分配数量，在第一阶段抽取的每个行政村或社区随机抽样家庭，并作为最终样本。

2. 数据搜集

笔者携调研团队在问卷调研过程中采取入户调研的方式。为了尽可能保证有效回收率，调研员选择中午和晚上的时间进行调研。调研员尽可能保证受访者独立完成问卷填写，在必要的时候对题项进行解释，并在每份问卷调研完之后，填写若干针对调研员的题项，对当次问卷调研质量进行评估。调研团队共发出 850 份问卷，有效回收 605 份，有效回收率达 71.18%。样本基本特征统计如表 5-1 所示。

表 5-1　样本基本特征统计

项目	内容	频数	有效百分比（%）
城市	葫芦岛市	300	49.60
	汕尾市	305	50.40
您的住址距离核电站的距离（千米）	0～5	162	26.80
	5～15	191	31.60
	15～30	252	41.70
性别	男	324	53.70
	女	279	46.30
年龄（岁）	未满 18	21	3.50
	18～24	34	5.60
	25～34	73	12.10
	35～44	207	34.30
	45～54	152	25.20
	55～64	83	13.70
	65～74	33	5.50
	75 及以上	1	0.20
年收入（万元）	1 以下	202	34.40

续表

项目	内容	频数	有效百分比（%）
年收入（万元）	1 及以上，3 以下	248	42.20
	3 及以上，5 以下	97	16.50
	5 及以上，8 以下	19	3.20
	8 及以上，12 以下	14	2.40
	12 及以上	7	1.20
教育程度	小学及小学以下	132	21.90
	初中	298	49.30
	高中（含中专）	113	18.70
	大专	37	6.10
	本科	16	2.60
	硕士	2	0.30
	博士	1	0.20
是城镇居民还是农村居民	城镇居民	113	18.80
	农村居民	489	81.20
是否在核电站工作或从事与之有业务联系的工作	是	9	1.50
	否	594	98.50
是否有亲友在核电站工作或从事与之有业务联系的工作	是	12	2.00
	否	590	98.00
政治面貌	中共党员	19	3.10
	共青团员	4	0.70
	民主党派与无党派人士	33	5.50
	群众	545	90.20

本次调查以葫芦岛市和汕尾市的公众为对象，有效回收的605份问卷中，葫芦岛市占49.6%，汕尾市占50.4%，总体分布较为均匀。在住址与核电站的距离方面，住址距离核电站0～5千米的公众所占比例为26.8%，5～15千米的公众占31.6%，15～30千米的公众占41.7%。其中，距离在15～30千米的公众所占比例最大，为41.7%，总体分布较为均匀。在性别结构特征方面，男性占54%，女性占46%，总体分布较为均匀。在年龄分布特征方面，未满18周岁所占比例为3.5%，18～24岁占5.6%，25～34岁占12.1%，35～44岁占34.3%，45～54岁占25.2%，55～64岁占13.7%，65～74岁占5.5%，75岁及以上占0.2%。其中，35～44岁所占比例最大，为34.3%。在户籍方面，城镇户籍的公众所占比例为18.8%，农村户籍的公众所占比例为81.2%。在是否在核电站工作或从事与之有业务联系的工作方面，在核电站工作或从事与之有业务联系的工作的公众占1.5%，不在核电站工作或不从事与之有业务联系的工作的公众占98.5%；在是否有亲友在核电站工作或从事与之有业务联系的工作方面，有亲友在核电站工作或从事与之有业务联系的工作的公众占2%，没有亲友在核电站工作或从事与之有业务联系的工作的公众占98%，有利于统计一般公众对核电项目的接受度。

第二节　描述性分析结果

一、对核电项目公众接受度的描述性分析

核电项目公众接受度是本书最为核心的变量。本书在问卷调研中，测度了公众对不同地理范围内核电项目的接受度。图 5-1 反映了公众对不同地理范围内的核电项目的接受度情况。整体上看，公众对核电项目的接受度较高——即使居住在核电站附近（0～5 千米）的公众，对当地核电项目的接受度均值依然是 4.54。然而对于当地核电项目而言，距离核电站越近的公众接受度越低，随着距离越来越远，公众对核电项目的接受度略有提高（5～15 千米：4.85；15～30 千米：4.88），同时接受核电站（比较接受+接受+非常接受）的受访者比例也随着距离越来越远而提升。此外，从该图中也可以看出，公众对于更大地理范围内（本省与全国）的核电项目的接受度要高于对当地核电项目的接受度。对于居住在不同城市（葫芦岛市与汕尾市）受访者对核电项目的接受度，图 5-2 与图 5-3 同样反映出与整体样本相同的变化趋势。

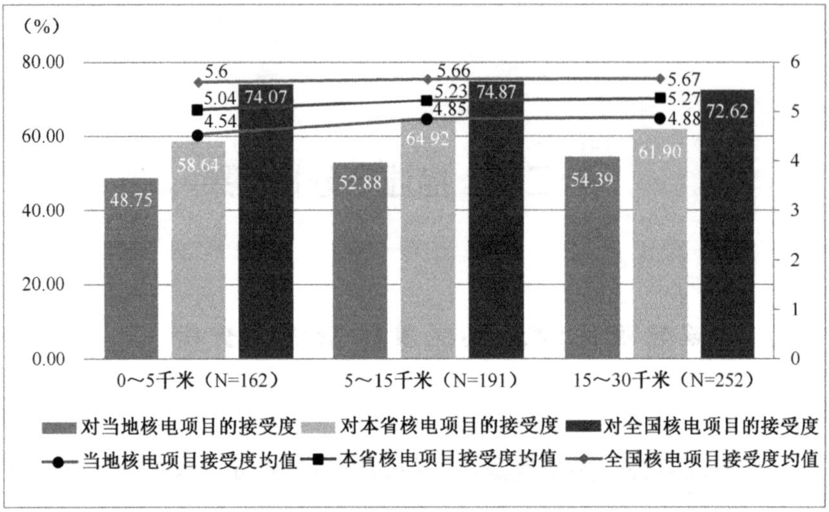

图 5-1　所有受访者对核电项目的接受度

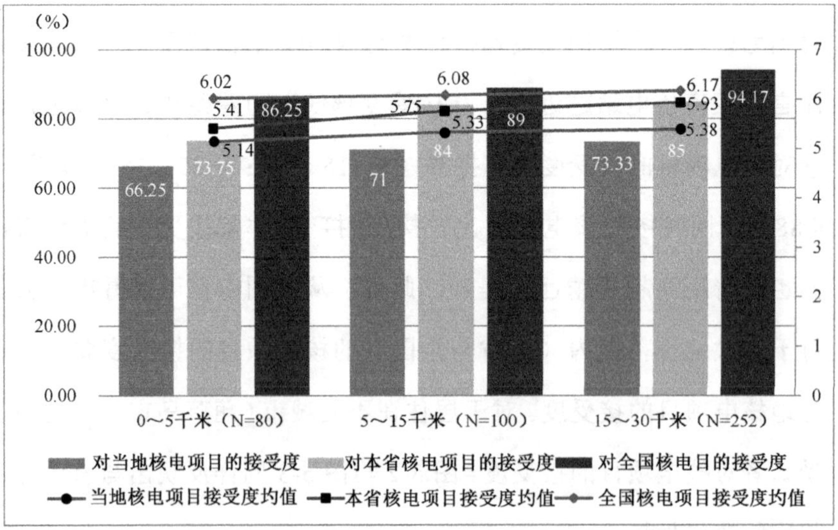

图 5-2　葫芦岛市受访者对核电项目的接受度

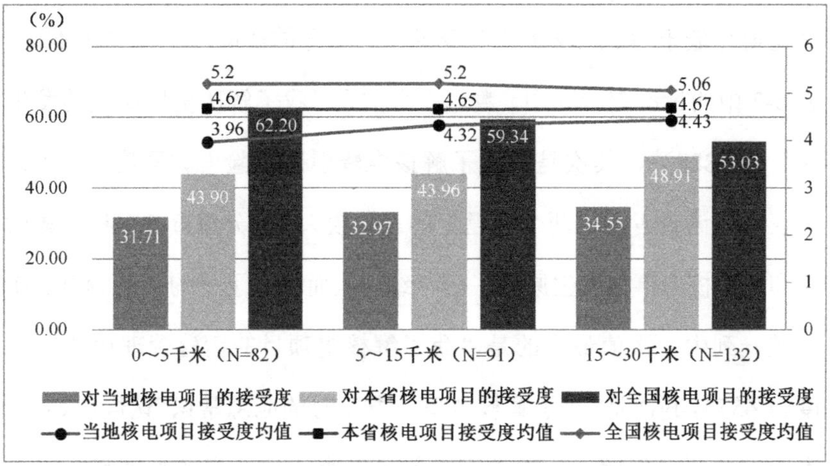

图 5-3　汕尾市受访者对核电项目的接受度

二、对公众核电项目知识水平的描述性分析

表 5-2 与图 5-4 反映出问卷中有关测度公众核电项目知识水平题项的描述性统计量，该组题项采用了李克特量表进行测度（1：非常不同意；7：非常同意）。整体来看，公众核电项目知识水平较低，大部分公众均不认为自身很了解核电相关知识。从表 5-2 和图 5-4 中可以看出，了解核电辐射风险认同度和了解历史核事故的发生原因认同度，这两个问题的得分均值大于 3.5，也就是说，相较于其他知识，公众对核辐射风险及核事故原因更为了解。在了解核能发电的基本科学原理、核

电项目运营管理模式及事故发生时的应急常识等问题上，被调查者的平均得分低于 3.5，表明被调查者在这部分的认同度更倾向于不认同。表 5-2 中的标准差一列中，数值最大的是“我了解历史核事故的发生原因”（1.888），其次是“我了解核电辐射的风险”认同度（1.88），这表明被调查者在这两个问题上的差异较大，部分调查者对核电辐射风险和历史核电事故发生原因了解详细，从而拉高了平均了解程度。在标准差一列中，数值最小的是“我了解核电项目的运营管理模式”认同度(1.657)，其次是“我了解核电事故发生时的应急常识”认同度(1.678)，表明在这两个问题上，被调查者差异较小，被调查者对这两个问题的认同度普遍较低。

表 5-2　对受访者核电知识水平的题项测度的描述性统计量

题项	均值	标准差	方差	同意上述观点所占百分比（比较同意+同意+非常同意）(%)
A——我了解核能发电的基本科学原理	2.81	1.742	3.035	16.30
B——我了解核电辐射的风险	3.95	1.88	3.534	39.80
C——我了解核电项目的运营管理模式	2.55	1.657	2.745	12.40
D——我了解历史核事故的发生原因	3.74	1.888	3.566	34.90
E——我了解核事故发生时的应急常识	2.77	1.678	2.816	15.70

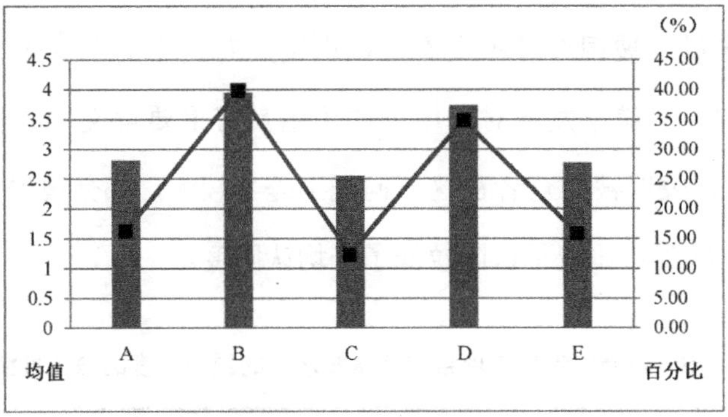

图 5-4　受访者知识水平认同度得分均值与百分比

（比较同意+同意+非常同意）

三、对公众关于核电项目情感认知的描述性分析

问卷调研用 4 个题项来测度公众对核电项目的情感认知：A——核电发展对于中国经济建设具有重要意义；B——核电发展对于中国的低碳转型具有重要意义；C——核电发展对于中国的民生具有重要意义；D——核电发展对于中国的能源供给具有重要意义。测度方法同上。从表 5-3 和图 5-5 中可以看出，公众对核电项目的情感认同度高于对具备核电知识水平的认同度。有关情感认知的四个问题的得分均值均高于 4.5。其中，均值最高的为“核电发展对中国的低碳转型具有重要意义”（5.78），同时同意比例也高达 76.5%，其次是“核电发展对于中国经济建设具有重要意义”（5.57），表明被调查者更认同核电发展会促进中国低碳型经济发展和建设。表 5-3 中均值最低的为“核电发展对于中国的民生具有重要意义”（4.91），只有 56.1%的被调查者认为核电发展是对中国民生有重要意义的，虽然平均得分也高于 3.5，但相对于其

他问题来说，被调查者不太看好核电发展对民生的改善效果。在标准差一列中，“核电发展对于中国的民生具有重要意义”的标准差最大（1.532），表明被调查者在这一问题上差异较大，部分被调查者对核电改善民生的观点比较不认同拉低了平均认同度。

表 5-3　对受访者核电项目情感认知水平的题项测度的描述性统计量

题项	均值	标准差	方差	同意上述观点所占百分比（比较同意+同意+非常同意）(%)
A——核电发展对于中国经济建设具有重要意义	5.57	1.451	2.107	72.6
B——核电发展对于中国的低碳转型具有重要意义	5.78	1.428	2.04	76.5
C——核电发展对于中国的民生具有重要意义	4.91	1.532	2.347	56.1
D——核电发展对于中国的能源供给具有重要意义	5.09	1.505	2.264	62

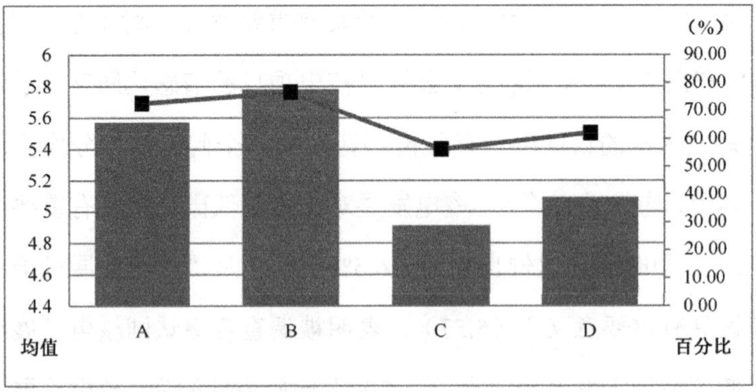

图 5-5　受访者核电项目情感认知得分均值与百分比

（比较同意+同意+非常同意）

四、对公众对核电项目决策机构信任的描述性分析

有关公众对核电项目相关决策机构（人）的信任，本书同样用7级李克特量表来进行测度，共4个题项：A——对政府的信任程度；B——对核电企业的信任程度；C——对科学家的信任程度；D——对媒体的信任程度。从表5-4和图5-6中可以看出，各个问题的得分均值均高于3.5，表明被调查者对政府、核电企业、科学家以及媒体是比较信任的。在四者中被调查者更愿意相信科学家（5.3），而“对媒体的信任程度”（3.94）是最低的，只有32.4%的被调查者比较相信媒体。在政府和核电企业中，被调查者更愿意相信政府（4.76）。在标准差一列中，数值最小的是“对科学家的信任程度”（1.509），表明被调查者中普遍（70.2%）比较相信科学家，而“对政府的信任程度”是差异最大的（1.681）。

表5-4　对受访者核电项目决策机构（人）的信任测度的描述性统计量

题项	均值	标准差	方差	信任所占百分比（比较信任+信任+非常信任）（%）
A——对政府信任的程度	4.76	1.681	2.825	56.6
B——对核电企业信任的程度	4.49	1.584	2.51	50
C——对科学家信任的程度	5.3	1.509	2.276	70.2
D——对媒体信任的程度	3.94	1.62	2.623	32.4

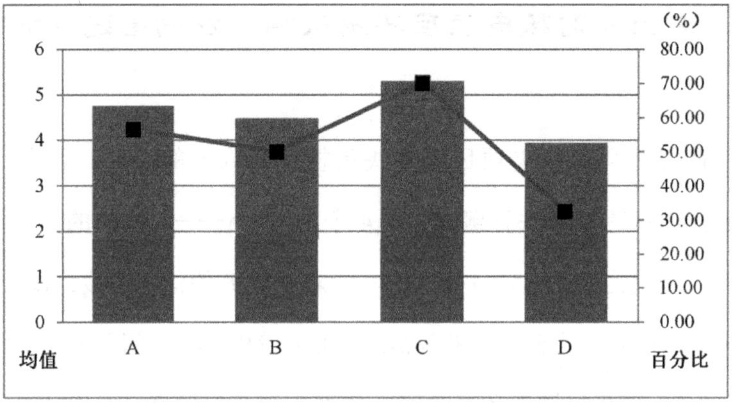

图 5-6 受访者对核电项目决策机构信任得分均值与百分比

（比较同意+同意+非常同意）

五、对公众对核电项目利益感知的描述性分析

问卷采用李克特量表，通过 5 个题项测度公众对本地核电站的利益感知：A——发展核电项目有益于改善本地生态环境；B——发展核电项目可以降低电价；C——发展核电项目可以推动本地经济增长；D——发展核电项目可以给本地带来更多的就业机会；E——发展核电项目有益于缓解本地用电紧张。从表 5-5 和图 5-7 中可以看出，有关利益感知的 5 个题项中平均得分均高于 4，表明被调查者比较认同发展核电项目对当地是有利的。其中，平均得分最高的是“发展核电项目有益于缓解本地用电紧张”（4.95），平均得分最低的是“发展核电项目有益于改善本地的生态环境”（4.24）。表明被调查者对发展核电项目对当地生态环

境的影响存在一定的担心，但也比较认同核电项目对该地区电力供应的改善。且在发展核电项目可以推动当地经济与增加就业方面，被调查者也表现出较高的认同度，比较认可发展核电项目在这两个方面的贡献。在标准差一列中，数值最小的是“发展核电项目有益于缓解本地用电紧张”（1.543），同时有58.4%的被调查者比较认同发展核电项目缓解用电紧张的作用，表明被访者普遍认同发展核电项目可以缓解本地用电紧张情况。标准差最大的是“发展核电项目有益于改善本地的生态环境”（1.739），表明在这个问题上被调查者分歧较大，对于核电项目是否会影响生态环境没有达成广泛的共识。

表 5-5　对受访者对本地核电项目利益感知的测度的描述性统计量

题项	均值	标准差	方差	同意上述观点所占百分比（比较同意+同意+非常同意）(%)
A——发展核电项目有益于改善本地的生态环境	4.24	1.739	3.024	43
B——发展核电项目可以降低电价	4.58	1.72	2.957	49.2
C——发展核电项目可以推动本地经济增长	4.93	1.59	2.529	58.8
D——发展核电项目可以给本地带来更多就业机会	4.93	1.607	2.583	60.6
E——发展核电项目有益于缓解本地用电紧张	4.95	1.543	2.382	58.4

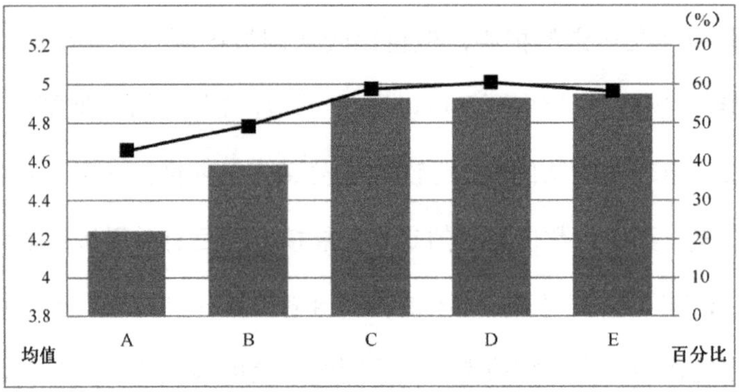

图 5-7 受访者对核电项目利益感知得分均值与百分比
（比较同意+同意+非常同意）

六、对公众对核电项目风险感知的描述性分析

问卷用如下 4 个题项测度公众对核电项目的风险感知：A——在核电项目正常运营过程中，我担心自己和家人受到核辐射；B——我担心核泄漏事故会发生在本地；C——发生核泄漏事故，将会给本地的环境带来负面影响；D——发生核泄漏事故，将会给我的身体带来极大的负面影响。从表 5-6 和图 5-8 中可以看出，风险感知的 4 个题项得分均值均大于 3.5，表明被调查者对核电项目的风险还是比较担心的。均值最高的为“发生核泄漏事故，将会给本地的环境带来负面影响”（5.61），73.7%的被调查者对核泄漏事故造成的环境影响比较担心。平均得分最低的是“在核电项目正常运营过程中，我担心自己和家人受到核辐射”（5.16），表明相对于核泄漏事故，被调查者对核电项目正常运营过程

中的安全性比较认可。在标准差一列中，数值最大的是“在核电项目正常运营过程中，我担心自己和家人受到核辐射”（1.75），表明被调查者在这个问题上的分歧较大，对核电项目运营过程中的风险了解程度不同。标准差最小的是“如果发生核泄漏事故，将会给我的身体带来极大的负面影响”（1.556），表明被调查者普遍认为一旦发生核泄漏事故会对身体造成极大的负面影响。

表 5-6　有关受访者对核电项目风险感知的题项测度的描述性统计量

题项	均值	标准差	方差	同意上述观点所占百分比（比较同意+同意+非常同意）(%)
A——在核电项目正常运营过程中，我担心自己和家人受到核辐射	5.16	1.75	3.064	66.2
B——我担心核泄漏事故会发生在本地	5.31	1.678	2.815	68.4
C——发生核泄漏事故，将会给本地的环境带来负面影响	5.61	1.594	2.54	73.7
D——发生核泄漏事故，将会给我的身体带来极大的负面影响	5.52	1.556	2.422	70.8

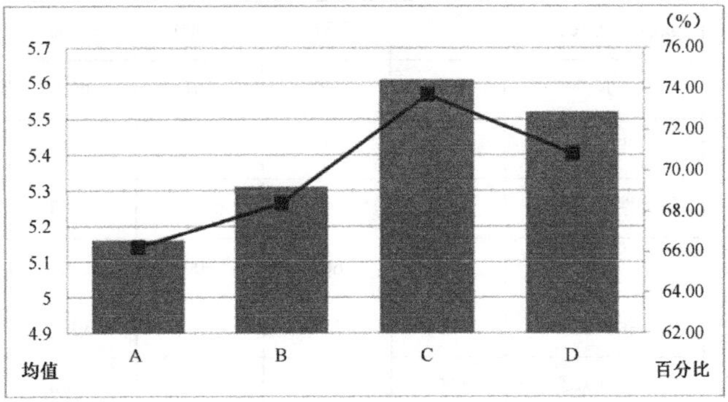

图 5-8　受访者对核电项目风险感知得分均值与百分比（比较同意+同意+非常同意）

第三节　相关性分析结果

各变量间相关性分析是进行回归分析的前提。在回归分析之前，本书对自变量和中介变量进行了相关性分析，同时观测多重共线性问题。从表 5-7 可以看出情感因素、知识因素和社会信任因素与利益感知存在正相关性，情感因素与风险认知存在正相关性，都是在 0.05 水平上（双侧）显著相关。相关性分析的结果支持本书提出的大部分假设，后文将采用回归分析方法对这些变量之间的影响机理做详细验证。此外，通过相关性分析可以看出各自变量之间相关系数不高，均在 0.4 以下，表明变量不存在多重共线性问题。

表 5-7　相关性分析结果

		情感	知识	社会信任	利益感知	风险认知
情感	相关性	1	0.041	0.199**	0.279**	−0.285**
	显著性（双侧）		0.316	0.000	0.000	0.000
	N	604	602	601	602	604
知识	相关性	0.041	1	−0.060	0.123**	−0.005
	显著性（双侧）	0.316		0.141	0.003	0.904
	N	602	603	600	601	603
社会信任	相关性	0.199**	−0.060	1	0.308**	−0.018
	显著性（双侧）	0.000	0.141		0.000	0.660
	N	601	600	602	600	602

续表

		情感	知识	社会信任	利益感知	风险认知
利益感知	相关性	0.279**	0.123**	0.308**	1	−0.099*
	显著性（双侧）	0.000	0.003	0.000		0.015
	N	602	601	600	603	603
风险认知	相关性	−0.285**	−0.005	−0.018	−0.099*	1
	显著性（双侧）	0.000	0.904	0.660	0.015	
	N	604	603	602	603	605

注：**为在 0.01 水平（双侧）上显著相关；*为在 0.05 水平（双侧）上显著相关。

第四节　回归分析结果

一、深层心理变量与核电项目的利益感知

本书的第一组假设是关于知识因素、情感因素与社会信任因素深层心理变量与核电项目的利益感知之间的关系，具体包括如下三个假设。

H1a：公众的知识因素与公众对核电项目的利益感知正相关。

H1b：公众的情感因素与公众对核电项目的利益感知正相关。

H1c：公众的社会信任因素与公众对核电项目的利益感知正相关。

围绕第一组假设，本书提出第一个回归模型（见图 5-9）。在第一个回归模型中，利益感知为因变量，知识、情感与社会信任为自变量，控制变量包括距离、性别、年龄、受教育程度、收入、是否从事核电相关工作、是否有亲属从事核电相关工作、户籍。从表 5-8 的回归结果中可以看出，情感、知识与社会信任均显著影响公众对核电项目的利益感知（p=0.000，0.016，0.000），且正向影响公众对核电项目的利益感知（回归系数分别为 0.232、0.097 与 0.256）。可见，公众对核电事业的情感认同度越高，对当地核电项目的利益感知越强；公众对核电的相关知识水平越高，对核电项目的利益感知也越高；公众对政府、核电企业、科学家与媒体的信任程度越高，对当地核电项目的利益感知就越强。因此，在第一组假设中，H1a、H1b 与 H1c 均通过检验。

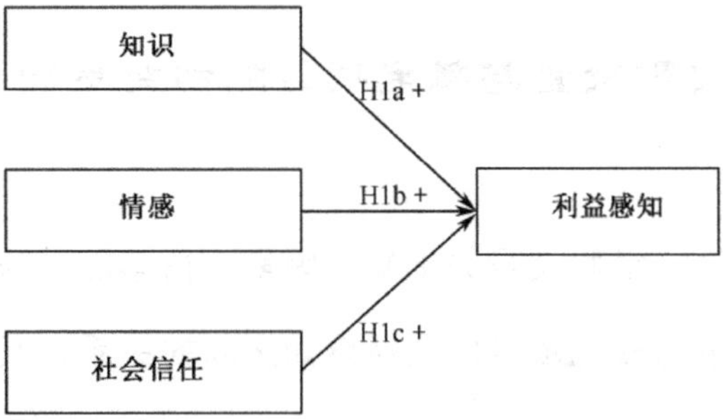

图 5-9　第一组假设概念模型

表 5-8　以知识、情感与社会信任为自变量，利益感知为因变量的回归结果

变量	回归系数
Constant	0.07
情感	0.232**

续表

变量	回归系数
知识	0.097*
社会信任	0.256**
您的住址距离核电站的距离 1	0.268
您的住址距离核电站的距离 2	0.194
性别	0.038
年龄 1	−0.169
年龄 2	−0.074
年龄 3	−0.309
年龄 4	−0.241
年龄 5	−0.230
年龄 6	−0.634
年龄 7	0.815
教育程度 1	−0.014
教育程度 2	−0.048
教育程度 3	−0.226
教育程度 4	−0.329
年收入 1	0.073
年收入 2	0.004
年收入 3	−0.332
年收入 4	−0.121
年收入 5	0.136
是否在核电站工作或从事与之有业务联系的工作	0.294
是否有亲友在核电站工作或从事与之有业务联系的工作	−0.137
是城镇居民还是农村居民	0.113

注：显著性*p<0.05，**p<0.01；R^2=0.194。

二、深层心理变量与核电项目的风险感知

本书的第二组假设是关于知识因素、情感因素与社会信任因素深层心理变量与核电项目的风险感知之间的关系的，具体包括如下三个假设。

H2a：公众的知识因素与公众对核电项目的风险感知负相关。

H2b：公众的情感因素与公众对核电项目的风险感知负相关。

H2c：公众的社会信任因素与公众对核电项目的风险感知负相关。

围绕第二组假设，本书提出第二个回归模型（见图 5-10）。在第二个回归模型中，风险感知为因变量，知识、情感与社会信任为自变量，控制变量包括距离、性别、年龄、受教育程度、收入、是否从事核电相关工作、是否有亲属从事核电相关工作、户籍。从表 5-9 的回归结果中可以看出，情感显著影响公众对当地核电项目的风险感知（p=0.000），且负向影响公众对核电项目的风险感知（回归系数为−0.287）。可见，公众对核电事业的情感认同度越高，对当地核电项目的风险感知越弱。然而知识变量、社会信任变量却无法显著影响公众对核电项目的风险感知（p=0.680，0.171>0.05）。因此，在第二组假设中，H2b 通过检验，H2a 与 H2c 未通过检验。

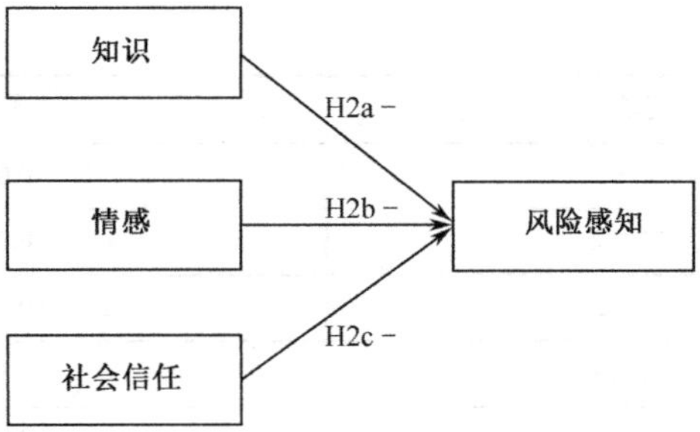

图 5-10　第二组假设概念模型

表 5-9　以知识、情感与社会信任为自变量，风险感知为因变量的回归结果

变量	系数
Constant	−0.138**
情感	−0.287**
知识	−0.017
社会信任	−0.058
您的住址距离核电站的距离 1	−0.063
您的住址距离核电站的距离 2	−0.172
性别	−0.053
年龄 1	0.163
年龄 2	−0.053
年龄 3	0.114
年龄 4	0.196
年龄 5	−0.005
年龄 6	0.105
年龄 7	1.540
教育程度 1	0.248
教育程度 2	0.261
教育程度 3	0.608
教育程度 4	0.248

续表

变量	系数
年收入 1	−0.023
年收入 2	−0.008
年收入 3	−0.282
年收入 4	−0.175
年收入 5	−0.053
是否在核电站工作或从事与之有业务联系的工作	−0.021
是否有亲友在核电站工作或从事与之有业务联系的工作	−0.123
是城镇居民还是农村居民	−0.073

注：显著性$^*p<0.05$，$^{**}p<0.01$；$R^2=0.134$。

三、公众对核电项目的利益感知、风险感知与公众对核电项目的接受度

本书的第三组假设是关于公众对核电项目的利益感知、风险感知与公众对核电项目的接受度，具体假设如下。

H3a：公众对核电项目的利益感知与公众对当地核电项目的接受度正相关。

H3b：公众对核电项目的风险感知与公众对当地核电项目的接受度负相关。

围绕第三组假设，本书提出第三个回归模型（见图 5-11）。在第三个回归模型中，公众接受度为因变量，利益感知与风险感知为自变

量，控制变量包括距离、性别、年龄、受教育程度、收入、是否从事核电相关工作、是否有亲属从事核电相关工作、户籍。从表 5-10 的回归结果中可以看出，利益感知与风险感知显著影响公众对核电项目的接受度（p =0.000，0.015）。利益感知正向影响公众对核电项目的接受度（回归系数为 0.399）。可见，公众的利益感知越高，对当地核电项目的接受度越高。风险感知负向影响公众对核电项目的接受度（回归系数为−0.170），公众对核电项目的风险感知越强，对当地核电项目的接受度越低。因此，在第三组假设中，H3a 与 H3b 均通过检验。同样，在这一回归模型的控制变量中，城市变量依然显著，说明城市（葫芦岛市与汕尾市）的差异会显著影响公众对当地核电项目的接受度。

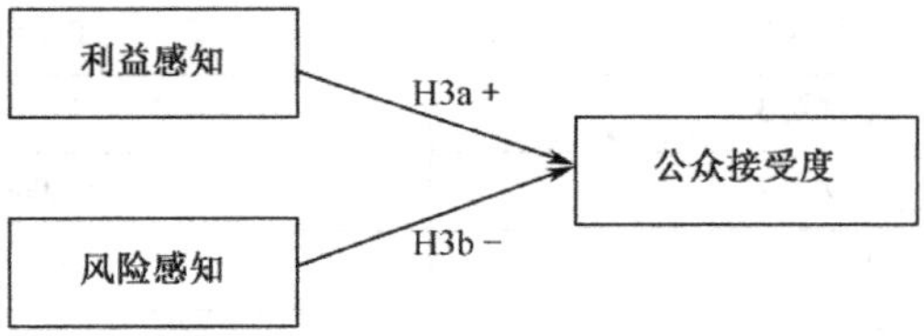

图 5-11　第三组假设概念模型

表 5-10　以利益感知、风险感知为自变量，公众接受度为因变量的回归模型

变量	系数
Constant	3.848
风险感知	−0.170*
利益感知	0.399**
您的住址距离核电站的距离 1	0.189
您的住址距离核电站的距离 2	0.315
性别	0.035

续表

变量	系数
年龄 1	0.951
年龄 2	0.535
年龄 3	0.576
年龄 4	0.829
年龄 5	0.854
年龄 6	1.406
年龄 7	−0.247
教育程度 1	−0.363
教育程度 2	−0.384
教育程度 3	−0.455
教育程度 4	−0.662
年收入 1	0.388
年收入 2	0.649
年收入 3	1.078
年收入 4	−0.068
年收入 5	−0.424
是否在核电站工作或从事与之有业务联系的工作	0.872
是否有亲友在核电站工作或从事与之有业务联系的工作	0.186
城镇居民还是农村居民	−0.260

注：显著性*p<0.05，**p<0.01；R^2=0.122。

四、利益感知在公众的心理因素与公众对当地核电项目接受度关系中的中介效应

本书的第四组假设是关于利益感知在公众的心理因素与公众对当

地核电项目接受度关系中的中介效应。

H4a：利益感知在公众的知识因素影响公众对当地核电项目接受度中起中介作用。

H4b：利益感知在公众的情感因素影响公众对当地核电项目接受度中起中介作用。

H4c：利益感知在公众的社会信任因素影响公众对当地核电项目接受度中起中介作用。

根据温忠麟等的观点，利用线性回归方法检验中介效应的步骤如下：①自变量 X 对 Y 进行回归，检验 X 是否显著，如果不显著则停止中介效应分析，如果显著则进行第二步。②自变量 X 对中介变量 W 进行回归，检验 X 是否显著。③自变量 X、中介变量 W 对 Y 进行回归。根据这一步骤我们建立三组回归模型，检验第四组的三个假设（见图 5-12）。

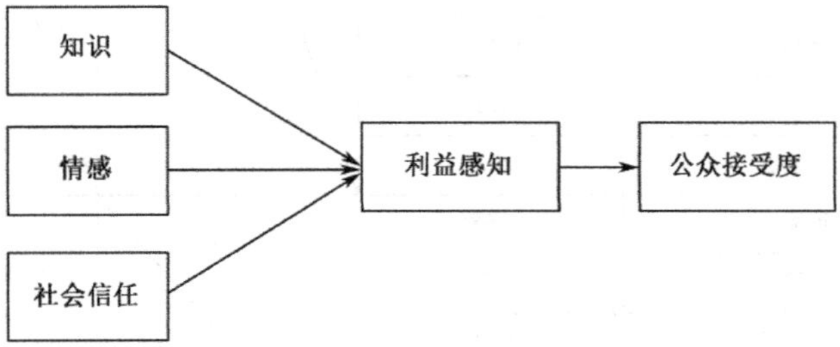

图 5-12　第四组假设概念模型

第一组回归模型针对 H4a，自变量为知识，中介变量为利益感知，因变量为公众接受度，控制变量同上。从表 5-11 的数据结果可以看出，在第一个回归模型（*X* 对 *Y* 进行回归）中，知识并不显著影响公众接受度（p=0.615），因此停止中介效应检验，H4a 未通过检验，利益感知在知识与公众接受度之间不存在中介效应。

表 5-11　利益感知在知识与公众接受度之间的中介效应检验

变量	Model 1（因变量：公众接受度）系数	Model 2（因变量：利益感知）系数	Model 3（变量：公众接受度）系数
Constant	3.824**		
知识	0.036		
利益感知			
您的住址距离核电站的距离 1	0.342		
您的住址距离核电站的距离 2	0.451		
性别	0.854		
年龄 1	0.097		
年龄 2	0.526		
年龄 3	0.453		
年龄 4	0.738		
年龄 5	0.782		
年龄 6	1.198*		
年龄 7	−0.027		
教育程度 1	−0.407*		
教育程度 2	−0.420		
教育程度 3	−0.686		

续表

变量	Model 1（因变量：公众接受度）系数	Model 2（因变量：利益感知）系数	Model 3（变量：公众接受度）系数
教育程度 4	−0.879		
年收入 1	0.432*		
年收入 2	0.662**		
年收入 3	0.943*		
年收入 4	−0.086		
年收入 5	−0.358		
是否在核电站工作或从事与之有业务联系的工作	1.065		
是否有亲友在核电站工作或从事与之有业务联系的工作	0.167		
是城镇居民还是农村居民	−0.201		

注：显著性*$p<0.05$，**$p<0.01$；$R^2=0.078$。

第二组回归模型（其结果见表 5-12）针对 H4b，检验利益感知在情感与公众接受度之间的中介效应，自变量为情感，中介变量为利益感知，因变量为公众接受度，控制变量同上。在这组的第一个回归模型中（X 对 Y 进行回归）中，情感显著影响公众接受度（p=0.000），在第二个回归模型中（X 对 W 进行回归），情感显著影响利益感知（p=0.000），在第三个回归模型中（X 与 W 对 Y 进行回归），情感与利益感知均显著影响公众接受度（p=0.000，0.000），且 R^2 值逐步提升。因此，利益感知在情感与公众接受度之间存在中介效应，H4b 通过检验。

表 5-12 利益感知在情感与公众接受度之间的中介效应检验

变量	Model 1（因变量：公众接受度）系数	Model 2（因变量：利益感知）系数	Model 3（变量：公众接受度）系数
Constant	3.928**	−0.031	3.937**
情感	0.349**	0.289**	0.261**
利益感知			0.303**
您的住址距离核电站的距离 1	0.300	0.314**	0.205
您的住址距离核电站的距离 2	0.377*	0.211**	0.313
性别	0.061	0.083*	0.036
年龄 1	0.872	−0.035	0.942
年龄 2	0.547	−0.232	0.557
年龄 3	0.415	−0.274	0.498
年龄 4	0.744	−0.138	0.786
年龄 5	0.797	−0.166	0.847
年龄 6	1.066	−0.538	1.228
年龄 7	0.433	1.335	0.029*
教育程度 1	−0.469*	−0.048	−0.455
教育程度 2	−0.549*	−0.035	−0.538*
教育程度 3	−0.781*	−0.331	−0.681
教育程度 4	−0.950*	−0.443	−0.816
年收入 1	0.461**	0.127	0.423**
年收入 2	0.675**	0.023	0.668**
年收入 3	1.152**	−0.330	1.252**
年收入 4	−0.069	−0.112	−0.035
年收入 5	−0.252	0.147	−0.296
是否在核电站工作或从事之有业务联系的工作	0.945	0.387	0.828
是否有亲友在核电站工作或从事与之有业务联系的工作	0.248	−0.076	0.271
是城镇居民还是农村居民	−0.158	0.096	−0.187

注：显著性*$p<0.05$，**$p<0.01$；Model 1 R^2=0.118，Model 2 R^2=0.130，Model 3 R^2=0.145。

第三组回归模型（其结果见表 5-13）针对 H4c，检验利益感知在社会信任与公众接受度之间的中介效应，自变量为社会信任，中介变量为利益感知，因变量为公众接受度，控制变量同上。在这组的第一个回归模型中（*X* 对 *Y* 进行回归）中，社会信任显著影响公众接受度（p=0.000），在第二个回归模型中（*X* 对 *W* 进行回归），社会信任显著影响利益感知（p=0.000），在第三个回归模型中（*X* 与 *W* 对 *Y* 进行回归），社会信任与利益感知均显著影响公众接受度（p=0.000，0.000），且 R^2 值逐步提升。因此，利益感知在社会信任与公众接受度之间存在中介效应，H4c 通过检验。

表 5-13　利益感知在社会信任与公众接受度之间的中介效应检验

变量	Model 1（因变量：公众接受度）系数	Model 2（因变量：利益感知）系数	Model 3（变量：公众接受度）系数
Constant	4.028**	0.016	4.023**
社会信任	0.448**	0.299**	0.367**
利益感知			0.272**
您的住址距离核电站的距离 1	0.295	0.317	0.209
您的住址距离核电站的距离 2	0.396*	0.242	0.330
性别	0.845	0.062	0.007
年龄 1	0.023	−0.251	0.913
年龄 2	0.420	−0.129	0.455
年龄 3	0.335	−0.322	0.422
年龄 4	0.512	−0.291	0.591
年龄 5	0.609	−0.289	0.688
年龄 6	0.921	−0.608	1.087

续表

变量	Model 1（因变量：公众接受度）系数	Model 2（因变量：利益感知）系数	Model 3（变量：公众接受度）系数
年龄 7	−0.915	0.408	−1.026
教育程度 1	−0.350	0.041	−0.361*
教育程度 2	−0.434	0.058	−0.450
教育程度 3	−0.490	−0.118	−0.457
教育程度 4	−0.550	−0.207	−0.493
年收入 1	0.340	0.044	0.328**
年收入 2	0.673**	0.025	0.666**
年收入 3	0.983**	−0.471	1.112**
年收入 4	−0.086	−0.117	−0.054
年收入 5	−0.224	0.149	−0.264
是否在核电站工作或从事与之有业务联系的工作	0.920	0.392	0.813
是否有亲友在核电站工作或从事与之有业务联系的工作	0.112	−0.175	0.159
是城镇居民还是农村居民	−0.156	0.084	−0.179

注：显著性*p<0.05，**p<0.01；Model 1 R^2=0.141，Model 2 R^2=0.133，Model 3 R^2=0.163。

五、风险感知在公众的心理因素与公众对当地核电项目接受度关系中的中介效应

本书的第五组假设是关于风险感知在公众的心理因素与公众对当地核电项目接受度关系中的中介效应。

H5a：风险感知在公众的知识因素影响公众对当地核电项目接受度中起中介作用。

H5b：风险感知在公众的情感因素影响公众对当地核电项目接受度中起中介作用。

H5c：风险感知在公众的社会信任因素影响公众对当地核电项目接受度中起中介作用。

根据上述步骤本书建立三组回归模型，检验第五组的三个假设（见图 5-13）。第一组回归模型针对 H5a，自变量为知识，中介变量为风险感知，因变量为公众接受度，控制变量同上。从表 5-14 的数据结果可以看出，在第一个回归模型（*X* 对 *Y* 进行回归）中，知识并不显著影响公众接受度（p=0.615），因此停止中介效应检验，H5a 未通过检验，风险感知在知识与公众接受度之间的不存在中介效应。

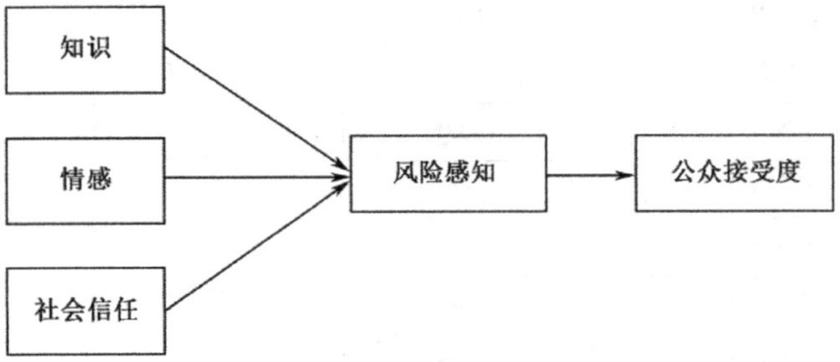

图 5-13　第五组假设概念模型

表 5-14 风险感知在知识与公众接受度之间的中介效应检验

变量	Model 1（因变量：公众接受度）系数	Model 2（因变量：风险感知）系数	Model 3（变量：公众接受度）系数
Constant	3.824**		
知识	0.036		
风险感知			
您的住址距核电站的距离 1	0.342		
您的住址距离核电站的距离 2	0.451		
性别	0.854		
年龄 1	0.097		
年龄 2	0.526		
年龄 3	0.453		
年龄 4	0.738		
年龄 5	0.782		
年龄 6	1.198*		
年龄 7	−0.027		
教育程度 1	−0.407*		
教育程度 2	−0.420		
教育程度 3	−0.686		
教育程度 4	−0.879		
年收入 1	0.432*		
年收入 2	0.662**		
年收入 3	0.943*		
年收入 4	−0.086		
年收入 5	−0.358		
是否在核电站工作或从事与之有业务联系的工作	1.065		

续表

变量	Model 1（因变量：公众接受度）系数	Model 2（因变量：风险感知）系数	Model 3（变量：公众接受度）系数
是否有亲友在核电站工作或从事与之有业务联系的工作	0.167		
是城镇居民还是农村居民	−0.201		

注：显著性*p<0.05，**p<0.01；R^2=0.78。

第二组回归模型（结果见表 5-15）针对 H5b，检验风险感知在情感与公众接受度之间的中介效应，自变量为情感，中介变量为风险感知，因变量为公众接受度，控制变量同上。在这组的第一个回归模型中（X 对 Y 进行回归）中，情感显著影响公众接受度（p=0.001），在第二个回归模型中（X 对 W 进行回归），情感显著影响风险感知（p=0.000）。在第三个回归模型中（X 与 W 对 Y 进行回归），情感与风险感知均显著影响公众接受度（p=0.000，0.001）。因此，风险感知在情感与公众接受度之间存在中介效应，H5b 通过检验。

表 5-15　风险感知在情感与公众接受度之间的中介效应检验

变量	Model 1（因变量：公众接受度）系数	Model 2（因变量：风险感知）系数	Model 3（变量：公众接受度）系数
Constant	3.928**	−0.094	3.905**
情感	0.349**	−0.275**	0.414**
风险感知			−0.237**
您的住址距离核电站的距离 1	0.300	−0.066	0.284
您的住址距离核电站的距离 2	0.377*	−0.194	0.331
性别	0.061	0.070	0.043

续表

变量	Model 1（因变量：公众接受度）系数	Model 2（因变量：风险感知）系数	Model 3（变量：公众接受度）系数
年龄 1	0.872	−0.076	0.888
年龄 2	0.547	−0.072	0.530
年龄 3	0.415	0.094	0.437
年龄 4	0.744	0.162	0.783
年龄 5	0.797	−0.036	0.789
年龄 6	1.066	0.064	1.081
年龄 7	0.433	1.315	0.745
教育程度 1	−0.469*	0.248	−0.411
教育程度 2	−0.549*	0.282	−0.482
教育程度 3	−0.781*	0.666	−0.623
教育程度 4	−0.950*	0.375	−0.861
年收入 1	0.461**	−0.023	0.456
年收入 2	0.675**	−0.009	0.673
年收入 3	1.152**	−0.271	1.088
年收入 4	−0.069	−0.176	−0.110
年收入 5	−0.252	−0.043	−0.262
是否在核电站工作或从事与之有业务联系的工作	0.945	−0.040	0.936
是否有亲友在核电站工作或从事与之有业务联系的工作	0.248	−0.135	0.215
城镇居民还是农村居民	−0.158	−0.098	−0.181

注：显著性*p<0.05，**p<0.01；Model 1 R^2=0.118，Model 2 R^2=0.118，Model 3 R^2=0.135。

第三组回归模型（见表 5-16）针对 H5c，检验风险感知在社会信任与公众接受度之间的中介效应，自变量为社会信任，中介变量为风险感知，因变量为公众接受度，控制变量同上。在这组的第一个回归模型中（X对Y进行回归）中，社会信任显著影响公众接受度（p=0.000），在第二个回归模型中（X对W进行回归），社会信任对风险感知的影响不显著影响风险感知（p=0.336），终止检验。因此，风险感知在社会信任与公众接受度之间不存在中介效应，H5c 未通过检验。

表 5-16　风险感知在社会信任与公众接受度之间的中介效应检验

变量	Model 1（因变量：公众接受度）系数	Model 2（因变量：风险感知）系数	Model 3（变量：公众接受度）系数
Constant	4.028**	−0.179	
社会信任	0.448**	−0.043	
风险感知			
您的住址距离核电站的距离 1	0.295	−0.082	
您的住址距离核电站的距离 2	0.396*	−0.159	
性别	0.845	−0.065	
年龄 1	0.023	0.085	
年龄 2	0.420	−0.079	
年龄 3	0.335	0.170	
年龄 4	0.512	0.206	
年龄 5	0.609	0.005	
年龄 6	0.921	0.262	
年龄 7	−0.915	0.989	
教育程度 1	−0.350	0.287*	
教育程度 2	−0.434	0.371*	
教育程度 3	−0.490	0.762**	
教育程度 4	−0.550	0.372	
年收入 1	0.340	−0.046	
年收入 2	0.673**	−0.018	

续表

变量	Model 1（因变量：公众接受度）系数	Model 2（因变量：风险感知）系数	Model 3（变量：公众接受度）系数
年收入 3	0.983**	−0.362	
年收入 4	−0.086	−0.160	
年收入 5	−0.224	−0.163	
是否在核电站工作或从事与之有业务联系的工作	0.920	0.004	
是否有亲友在核电站工作或从事与之有业务联系的工作	0.112	−0.170	
是城镇居民还是农村居民	−0.156	−0.164	

注：显著性*p<0.05，**p<0.01；Model 1 R^2=0.141，Model 2 R^2=0.060。

六、公众沟通工作在公众的深层心理变量与表层心理变量的关系中发挥调节作用

公众沟通工作在公众的深层心理变量与表层心理变量的关系中发挥调节作用。公众沟通工作包括科普宣传、情感动员与公众参与等形式。在本书中分别以是否参与过上述公众沟通形式进行测度，并将其作为调节变量。具体包括以下 6 个假设：

H6a：科普宣传在公众的知识因素影响公众的利益感知中起正向调节作用。

H6b：科普宣传在公众的知识因素影响公众的风险感知中起反向调

节作用。

H6c：情感动员在公众的情感因素影响公众的利益感知中起正向调节作用。

H6d：情感动员在公众的情感因素影响公众的风险感知中起反向调节作用。

H6e：公众参与在公众的社会信任因素影响公众的利益感知中起正向调节作用。

H6f：公众参与在公众的社会信任因素影响公众的风险感知中起反向调节作用。

根据上文提及的有中介的调节效应检验方法，做如下检验：①做 X 和 U 对 Y 的回归，检验 X 的系数显著。②做 X 和 U 对 W 的回归，检验 X 的系数显著。③做 X、U 和 W 对 Y 的回归，W 的系数显著。④对 U 进行分组回归，比较回归系数是否存在显著差异，做出判断。

按照上述步骤，首先检验 H6a。在表 5-17 中的第一个回归中可以看出，知识无法显著影响公众接受度（p=0.477），因此 H6a 未通过检验。由于检验 H6b 所需要的第一组回归同 H6a，因此也意味着 H6b 也未通过检验。因此，科普宣传无法在公众的知识因素影响利益感知、公众的知识因素影响风险感知这两组关系中发挥调节作用。

表 5-17　有调节的中介变量模型

（调节变量：科普宣传；中介变量：利益感知；自变量：知识）

	Model 1			Model 2			Model 3			Model 4			Model 5		
	因变量：公众接受度			因变量：利益感知			因变量：公众接受度			分组回归 1（接受）因变量：公众接受度			分组回归 2（未接受）因变量：公众接受度		
	B	t-value	*p*	*B*	t-value	*p*	*B*	t-value	*p*	*B*	t-value	*p*	*B*	t-value	*p*
Constant	3.832	7.444	0.000												
知识	0.051	−0.711	0.477												
利益感知															
科普参与（Dummy）	0.451	2.874	0.004												
R Square	0.092														
Adjusted *R* Square	0.053														
F	2.340														
Sig.	0.000a														

对于 H6c，如表 5-18 所示，在第一个回归模型中，情感因素显著影响公众对核电项目的接受度（p=0.000）；在第二个回归模型中，情感因素同样显著影响利益感知（p=0.000）；在第三个回归模型中，利益感知显著影响公众接受度（p=0.000）；在第四个与第五个分组回归模型中，接受情感动员与未接受情感动员的回归系数分别为 0.394 与 0.297，且均为显著，说明情感动员正向调节情感与利益感知之间的关系，H6c 通过检验。

表 5-18　有调节的中介变量模型

（调节变量：情感动员；中介变量：利益感知；自变量：情感）

	Model 1			Model 2			Model 3			Model 4			Model 5		
	因变量：公众接受度			因变量：利益感知			因变量：公众接受度			分组回归 1（接受）因变量：公众接受度			分组回归 2（未接受）因变量：公众接受度		
	B	t-value	*P*	*B*	t-value	*p*	*B*	t-value	*p*	*B*	t-value	*p*	*B*	t-value	*p*
Constant	3.889	7.667	0.000	−0.038	−0.130	0.897	3.900	7.805	0.000	3.893	3.350	0.001	3.833	6.725	0.000
情感	0.334	4.766	0.000	0.279	6.821	0.000	0.250	3.476	0.001	0.502	3.473	0.001	0.192	2.257.	0.025
利益感知							0.302	4.209	0.000	0.394	2.673	0.008	0.297	3.500	0.001
情感动员（Dummy）	0.201	1.258	0.209	0.136	1.455	0.146	0.160	1.015	0.310						
R Square	0.120			0.133			0.148			0.220			0.136		
Adjusted *R* Square	0.082			0.096			0.109			0.104			0.082		
F	3.162			3.559			3.836			1.901			2.520		
Sig.	0.000a			0.000a			0.000a			0.013a			0.000a		

对于 H6d，如表 5-19 所示，在第一个回归模型中，情感因素显著影响公众对核电项目的接受度（p=0.000）；在第二个回归模型中，情感因素同样显著影响风险感知（p=0.000）；在第三个回归模型中，利益感知显著影响公众接受度（p=0.002）；在第四个与第五个分组回归模型中，接受情感动员与未接受情感动员的回归系数分别为−0.027 与−0.301，且均为显著，说明情感动员反向调节情感与风险感知之间的关系，H6d 通过检验。

表 5-19　有调节的中介变量模型

（调节变量：情感动员；中介变量：风险感知；自变量：情感）

	Model 1			Model 2			Model 3			Model 4			Model 5		
	因变量：公众接受度			因变量：风险感知			因变量：公众接受度			分组回归 1（接受）因变量：公众接受度			分组回归 2（未接受）因变量：公众接受度		
	B	t-value	*p*	*B*	t-value	*p*	*B*	t-value	*p*	*B*	t-value	*p*	*B*	t-value	*p*
Constant	3.889	7.667	0.000	−0.80	−0.268	0.789	3.871	7.693	0.000	3.904	3.270	0.001	3.734	6.547	0.000
情感	0.334	4.766	0.000	−0.281	6.838	0.000	0.399	5.501	0.000	0.590	4.032	0.000	0.368	4.308	0.000
风险感知							−0.228	−3.180	0.002	−0.027	3.791	0.000	−0.301	−3.509	0.001
情感动员（Dummy）	0.201	1.258	0.209	−0.103	−1.094	0.274	0.178	1.120	0.263						
R Square	0.120			0.121			0.136			0.183			0.136		
Adjusted *R* Square	0.082			0.083			0.097			0.061			0.082		
F	3.162			3.182			3.490			1.505			2.523		
Sig.	0.000a			0.000a			0.000a			0.080a			0.000a		

对于 H6e，如表 5-20 所示，在第一个回归模型中，社会信任因素显著影响公众对核电项目的接受度（p=0.000）；在第二个回归模型中，社会信任因素显著影响利益感知（p=0.000）；在第三个回归模型中，风险感知显著影响公众接受度（p=0.000）；在第四个与第五个分组回归模型中，参加公众参与活动与未参加公众参与活动的回归系数分别为 0.409 与 0.257，且均显著，说明公众参与正向调节社会信任与利益感知之间的关系，H6e 通过检验。

表 5-20　有调节的中介变量模型

（调节变量：公众参与；中介变量：利益感知；自变量：社会信任）

	Model 1			Model 2			Model 3			Model 4			Model 5		
	因变量：公众接受度			因变量：利益感知			因变量：公众接受度			分组回归 1（参与）			分组回归 2（未参与）		
	B	t-value	*p*	*B*	t-value	*p*	*B*	t-value	*p*	*B*	t-value	*p*	*B*	t-value	*p*
Constant	3.989	7.958	0.000	0.008	0.027	0.978	3.987	8.051	0.000	3.994	3.370	0.001	3.919	6.973	0.000
社会信任	0.433	6.097	0.000	0.290	6.907	0.000	0.355	4.845	0.000	0.380	2.403	0.017	0.343	4.035	0.000
利益感知							0.130	0.827	0.000	0.409	0.153	0.008	0.257	3.067	0.002
公众参与（Dummy）	0.166	1.049	0.294	0.134	1.437	0.151	0.130	0.827	0.408						
R Square	0.143			0.137			0.165			0.188			0.161		
Adjusted *R* Square	0.106			0.099			0.127			0.068			0.108		
F	3.855			3.662			4.377			1.562			3.065		
Sig.	0.000a			0.000a			0.000a			0.063a			0.000a		

同理对 H6f，从表 5-21 中可以看出，在第一个回归模型中，社会信任因素显著影响公众对核电项目的接受度（p=0.000）；在第二个回归模型中，社会信任因素却不显著影响风险感知（p=0.923）。检验终止，说明公众参与无法调节社会信任与风险感知之间的关系，H6f 未通过检验。

表 5-21 有调节的中介变量模型

（调节变量：公众参与；中介变量：风险感知；自变量：社会信任）

	Model 1			Model 2			Model 3			Model 4			Model 5		
	因变量：公众接受度			因变量：风险感知			因变量：公众接受度			分组回归 1			分组回归 2		
	B	t-value	*p*	*B*	t-value	*p*	*B*	t-value	*p*	*B*	t-value	*p*	*B*	t-value	*p*
Constant	3.989	7.958	0.000	−0.169	−0.547	0.585									
社会信任	0.433	6.097	0.000	−0.004	−0.096	0.923									
风险感知															
公众参与（Dummy）	0.166	1.049	0.294	0.002	0.018	0.986									
R Square	0.143			0.046											
Adjusted *R* Square	0.106			0.005											
F	3.855			1.118											
Sig.	0.000a			0.317a											

假设验证情况汇总如表 5-22 所示。

表 5-22 本书全部假设检验情况汇总

序号	研究假设	检验情况
第一组假设：关于三类深层心理变量与核电项目的利益感知		
H1a	公众的知识因素与公众对核电项目的利益感知正相关	通过检验
H1b	公众的情感因素与公众对核电项目的利益感知正相关	通过检验
H1c	公众的社会信任因素与公众对核电项目的利益感知正相关	通过检验
第二组假设：关于三类深层心理变量与核电项目的风险感知		
H2a	公众的知识因素与公众对核电项目的风险感知负相关	未通过检验
H2b	公众的情感因素与公众对核电项目的风险感知负相关	通过检验
H2c	公众的社会信任因素与公众对核电项目的风险感知负相关	未通过检验

续表

序号	研究假设	检验情况
第三组假设：关于利益感知和风险感知与对核电项目的接受度		
H3a	公众对核电项目的利益感知与公众对当地核电项目的接受度正相关	通过检验
H3b	公众对核电项目的风险感知与公众对当地核电项目的接受度负相关	通过检验
第四组假设：关于利益感知在公众的心理因素与公众对当地核电项目接受度关系中的中介效应		
H4a	利益感知在公众的知识因素影响公众对当地核电项目接受度中起中介作用	未通过检验
H4b	利益感知在公众的情感因素影响公众对当地核电项目接受度中起中介作用	通过检验
H4c	利益感知在公众的社会信任因素影响公众对当地核电项目接受度中起中介作用	通过检验
第五组假设：关于利益感知在公众的心理因素与公众对当地核电项目接受度关系中的中介效应		
H5a	风险感知在公众的知识因素影响公众对当地核电项目接受度中起中介作用	未通过检验
H5b	风险感知在公众的情感因素影响公众对当地核电项目接受度中起中介作用	通过检验
H5c	风险感知在公众的社会信任因素影响公众对当地核电项目接受度中起中介作用	未通过检验
第六组假设：公众沟通在公众的深层心理变量与表层心理变量的关系中发挥调节作用		
H6a	科普宣传在公众的知识因素影响公众的利益感知中起正向调节作用	未通过检验
H6b	科普宣传在公众的知识因素影响公众的风险感知中起反向调节作用	未通过检验
H6c	情感动员在公众的情感因素影响公众的利益感知中起正向调节作用	通过检验
H6d	情感动员在公众的情感因素影响公众的风险感知中起反向调节作用	通过检验
H6e	公众参与在公众的社会信任因素影响公众的利益感知中起正向调节作用	通过检验
H6f	公众参与在公众的社会信任因素影响公众的风险感知中起反向调节作用	未通过检验

第六章

基于倾向得分匹配法的公众沟通效果评估

本书的第二个研究问题为在政府试图提升公众接受度的过程中，公众在已有的知识、情感、社会信任程度的前提下是否会被政府开展的公众沟通工作所影响？本质上，这是一个政策评估的研究问题，需要更多的反事实分析（Counterfactual Analysis）。在本章中，笔者从数据出发，选择使用倾向得分匹配法回答上述研究问题，进行反事实分析。本章发现，旨在提升公众科学素养的科普宣传难以提升公众对核电项目的接受度，但是旨在提升公众集体主义价值情怀的情感动员与旨在提升公众社会信任的公众参与却可以有效提升公众对核电项目的接受度。可见，公众观念可以被公众沟通工作影响，但并不是所有试图影响公众观念的方式都可以达到政策目标。因此，需要更多的讨论来解释为什么有的政策工具可以有效达到影响公众观念、提升公众对核电项目接受度的目标，有的却不能。

第一节　政策评估的反事实研究思维

随着统计学的发展，社会科学领域在过去几十年中日益强调如何通过严格的统计方法论证因果关系，强调以更为严谨、科学的方法探索社会规律。米尔（Mill）曾提出论证因果推断的求同法（Method of Agreement）与求异法（Method of Difference），简言之，求同法意味着“在总体不同的条件下，关键一致是因果”；求异法则意味着“在总体相同的条件下，关键区别即因果”。因此，在标准的计量经济学中，我们会将相关变量进行控制，来观测要验证的变量间的关系。

从本书的案例开始，我们去评估政府的公众沟通工作在提高核电项目公众接受度上的效果。希望检验的假设是：参与过政府公众沟通工作的公众比那些没有参与过的公众对核电项目的接受度更高。然而当公众已经具有一定的教育背景与知识水平时，且在性别、年龄、收入等人口特征变量上有所差异，这些差异均会潜在影响其对核电项目的接受度。那么，如何能够看出政府开展的公众沟通工作是否在公众已有特征的前提下发挥作用？

显然，在本书中，政府开展公众沟通工作所运用的三种政策工具——科普宣传、情感动员与公众参与是外在的干预（Treatment）。因此，可以按照准实验的逻辑，以是否接受过政策干预（科普宣传、情感动员与公众参与）为标准，分别将样本分为三对参与组与控制组。然而政策评估的本质并不在于评价接受过政策干预的样本与未接受过政策干预的样本的差异，而是探索一个接受过政策干预的样本，如果未接受过干预，情况会如何。本书是在政府开展公众沟通工作之后进行问卷调研的，无法获取接受过政策干预的公众在尚未接受政府干预时的接受度情况，也就是无法获取“反事实”（Counterfactual），因此，寻找一组样本作为“反事实”，是检验公众是否会被政府开展的公众沟通工作所影响要解决的第一个问题。

自然实验研究强调选择样本进入实验组与控制组须遵循随机的原则，然而在社会实验中，样本接受干预是基于自我选择（Self-selection）而非随机分配的，因此，会带来选择性偏差（Selection Bias）。例如，一个参加政府组织的有关核电项目的座谈会的公众，可能已经是核电项目的支持者，那么就无法判断这种政策工具是否会提升公众对核电项目的接受度。因此，消除样本的选择性偏差是要解决的第二个问题。

总之，要回答本书的第二个研究问题，需要寻找一个恰当的“反事实”，并能够通过科学方法消除选择性偏差。作为一种社会实验，本书无法通过随机分配样本进入实验组或控制组，亦不具备对同样的样本分别在干预前与干预后进行测度的条件。因此，本书选择倾向得分匹配法来回答第二个研究问题——核电项目公众接受度是否会被政府开展的公众沟通工作所影响。

第二节　倾向得分匹配法及其应用

寻找“反事实”的目的是要找出一组与参与组具有相同特征的控制组。然而每个样本可观测的特征有很多，因此需要对这些特征进行加权匹配。这就是倾向得分匹配法的核心思路。罗森鲍姆（Rosenbaum）和鲁宾（Rubin）于 1983 年提出了倾向得分（Propensity Score）的概念，并据此提出倾向得分匹配（Propensity Score Matching）法。所谓倾向得分 $P_{(X)}$ 是用一个一维度的变量来替代多维的协变量。如果两个样本的倾向得分 $P_{(X)}$，且分属于参与组与控制组，那么控制组的产出结果可以作为参与组的“反事实”。依据这一思路，参与组的平均参与效应的公式为：

$$\text{ATT}=E(Y^1-Y^0\left|P_{(X)}\right.)=E(Y^1\left|D=1,P_{(X)}\right.)-E(Y^0\left|D=0,P_{(X)}\right.)$$

倾向得分匹配法要求通过控制相关的协变量，使最后的因变量与是否接受干预无关（在本书中为是否接受科普宣传、情感动员与公众参与），即条件独立假定。因此，倾向得分匹配法运用的首要任务是选择恰当的协变量，要考虑所有与产出结果相关的可观测的协变量。

事实上，参与组与控制组的倾向得分不可能完全一样，因此进一步进行匹配（Matching）。一般来说，常用的匹配方法包括最近相邻匹配法（Nearest-neighbor-matching）、域阀和半径匹配法（Caliper and Radius Matching）与核匹配法（Kernel Matching）。本书采取了最为常用的最近相邻匹配法。

综上所述，由于能够通过避免选择性偏差、寻求“反事实”，倾向得分匹配法被越来越多地用于政策评估研究中，用于识别外在的政策干预对研究对象产生的政策效应。本书通过采用倾向得分匹配法，可以在一定程度上解决定量实证研究中常见的内生性问题（如是否关注科普宣传与对核电项目的接受度互为因果）。采用传统的多元回归方法对量表数据进行分析难以避免变量间的内生性。本书选取倾向得分匹配法主要是为了避免内生性，样本是否关注科普宣传、情感动员和公众参与等对自变量产生影响，同时也会对核电项目接受度（因变量）产生影响，这样则无法明晰自变量与因变量的因果关系，带来内生性的可能。本书选择了能够分别影响公众接受科普宣传、情感动员及公众参与，同时将可能影响核电项目接受度的协变量因素，即距离、人口特征变量等作为特征变量，将这些变量纳入 Logit 模型中分别来预测样本科普宣传、情感动员、公众参与的概率，并根据概率值对样本进行配对，可以实现接受政策干预的参与组与未接受政策干预的对照组在协变量上无显著性差异，从而解决内生性问题。

本书所关注的政府就核电领域展开的公众沟通工作创造出一个“准自然实验”的情景。通过倾向得分匹配法，识别“反事实”作为控制组，能够更为科学地检验科普宣传、情感动员与公众参与这三种政策工具对于公众接受度的影响，进一步提升了结论的内部效度与稳健性。

第三节　科普宣传的沟通效果评估

本书在第三章通过案例分析得出政府通过开展公众沟通工作、试图提升公众对核电项目接受度的三种政策工具，其中，科普宣传作为最常用的政策工具被政府和企业使用。科普宣传的出发点是提高当地公众有关核电知识的科学素养，推动公众能够理性看待核电项目的效益及风险，进而提升公众对核电项目的接受度。在本节中，笔者通过倾向得分匹配法来验证科普宣传是否能达到提升公众接受度的目标。具体来说，首先基于描述性统计与 T 检验来观测接受过科普宣传的公众与未接受过科普宣传的公众对核电项目接受度的差异，其次通过倾向得分匹配法来看公众对核电项目接受度的差异是否由参加科普宣传与否所导致。

通过表 6-1 可以看出，接受过科普宣传的公众对当地核电项目的接受度均值为 5.1（1 为非常抵制，7 为非常接受），未接受过科普宣传的公众对当地核电项目的接受度均值为 4.6。通过这样的描述性分析，我们可以看出，接受过科普宣传的公众对核电项目的接受度均值略高于未接受过科普宣传的公众，但这样的结果无法判定公众是因接受科普宣传而对核电项目有更高的接受度。

表 6-1　公众对当地核电项目的接受度差异（以是否接受过科普宣传为比较标准）

是否参加过科普宣传	N	均值	标准差	均值的标准误
是	192	5.1	1.6	0.1
否	411	4.6	1.7	0.1

我们再用独立样本 T 检验的方法来观测是否接受过科普宣传这两组样本对核电项目接受度的差异（见表 6-2）。首先是两总体方差是否相等的 F 检验。该检验的 F 统计量的观测值为 0.4，对应的概率 P 值为 0.5。如果显著性水平 α 为 0.05，由于概率 P 值大于 0.05，可以认为两总体的方差没有显著差异。其次是两总体均值的检验。在第一步中，由于两总体方差没有显著差异，因此，应看 T 检验结果。T 统计量的观测值为 3.3，对应的双侧概率 P 值为 0.001（若显著性水平 α 为 0.01，由于概率 P 值小于 0.01，可以认为两总体的均值有显著差异），可以看出两组样本对核电项目接受度均值存在显著差异。

表 6-2　对是否接受过科普宣传的两组样本的独立样本 T 检验结果

<table>
<tr><th colspan="4">方差方程的 Levene 检验</th><th colspan="5">均值方程的 T 检验</th></tr>
<tr><th colspan="2"></th><th>F</th><th>Sig.</th><th>T</th><th>df</th><th>Sig.（双侧）</th><th>均值差值</th><th>标准误差值</th></tr>
<tr><td rowspan="2">公众接受度</td><td>假设方差相等</td><td>0.4</td><td>0.5</td><td>3.3</td><td>601</td><td>0.001</td><td>0.5</td><td>0.1</td></tr>
<tr><td>假设方差不相等</td><td></td><td></td><td>3.4</td><td>388.3</td><td>0.001</td><td>0.5</td><td>0.1</td></tr>
</table>

然而正如前文所述，每个个体是否接受过科普宣传往往不是随机

的，而是自我选择的结果，因此，造成了选择性偏差。通过这种“事后”的问卷调研，我们无法观测接受过科普宣传的受访者在没有接受科普宣传时的接受度情况，难以通过双差分分析来解决这一问题。因此，本书采用倾向得分匹配法来检验科普宣传究竟是否提升公众对核电项目的接受度。

进行倾向得分匹配检验首先要进行样本匹配，一般来说，常用的匹配方法包括最近相邻匹配法、域阀和半径匹配法、核匹配法。经过笔者尝试，最近相邻匹配法匹配估计效果更好，因此选用该匹配法作为实验组与对照组匹配的主要方法。衡量匹配效果的标准是，实验组和对照组倾向得分曲线拟合度越高，表明配对效果越好，越接近倾向得分匹配的两个假设。图 6-1 为匹配前实验组与对照组倾向得分分布情况，两者分布存在着较大的偏差。图 6-2 为匹配后两组新的样本实验组和对照组倾向得分曲线。相比匹配前，曲线的拟合度有较大幅度的提高。

从匹配前两组样本来看，在科普宣传会影响的三个变量（知识、利益感知与风险感知）上，实验组和对照组有着显著的差异，分布并非随机的。匹配后，经过配对调整后的两组样本，除去一个变量在 95%置信区间内显著，其余变量 T 检验均不显著，表明两组数据在关键变量上不存在显著差异（见表 6-3）。可以近似认为，在控制相关变量后，服从倾向得分匹配法的假设。

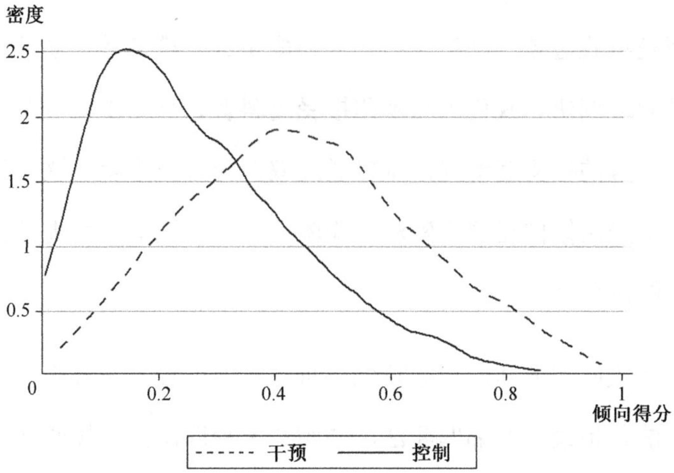

图 6-1　倾向得分估计，匹配前（科普宣传）

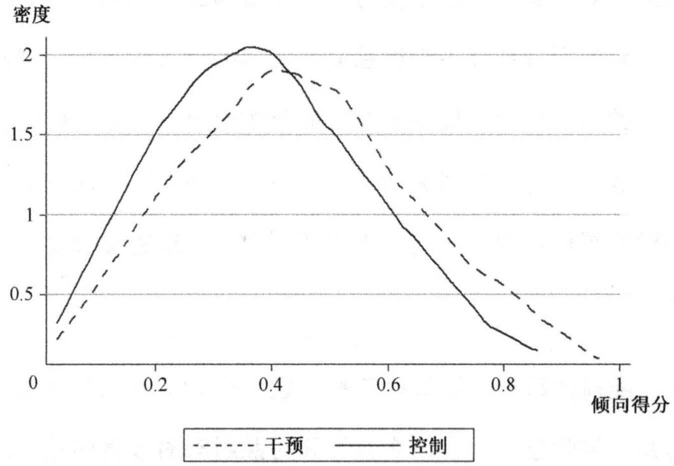

图 6-2　倾向得分估计，匹配后（科普宣传）

表 6-3　总体平均干预效应（科普宣传）

变量	匹配前			匹配后		
	实验组平均值	对照组平均值	T	实验组平均值	对照组平均值	T
知识	0.1	−0.492	1.715*	-0.028	0.097	−1.497
利益感知	0.018	−0.013	0.362	0	0.018	−1.4
风险感知	0.261	−0.125	4.678***	-0.04	0.181	-2.24***

同时，最终得到匹配分析结果（见表 6-4）。可以看出，经过匹配之后，实验组与对照组在关注政府开展科普宣传工作方面对当地核电项目接受度差异明显增大，但是并不显著。

表 6-4　公众接受度匹配分析结果（科普宣传）

样本	实验组	对照组	差异
匹配前	−0.084	−0.107	0.023
匹配后	−0.084	−0.288	0.204

通过对科普宣传进行倾向得分匹配检验之后，我们可以看出，科普宣传既难以提升公众的科学素养（知识水平），也难以提升公众对核电项目的接受度。也就是说，公众不会因为科普宣传的开展而更加接受核电项目。

第四节　情感动员的沟通效果评估

尽管情感动员往往同科普宣传以同样的形式进行，但是情感动员作为一种政府与企业开展公众沟通工作的政策工具，所作用的公众的心理层面有所不同。政府采取情感动员，旨在宣传核电项目对于国家经济发展、低碳转型、当地经济发展等方面的意义，提升公众集体主义价值观，加强公众对核电项目的情感认同，进而提升公众接受度。本节通过采取倾向得分匹配法，来检验情感动员是否提升公众对核电项目的接受度，具体检验步骤同前文科普宣传检验。

通过表 6-5 可以看出，接受过情感动员的公众对当地核电项目的接受度均值为 5.0（1 为非常抵制，7 为非常接受），未接受过情感动员的公众对当地核电项目的接受度均值为 4.6。通过这样的描述性分析，我们可以看出，接受过情感动员的公众对核电项目的接受度均值略高于未接受过情感动员的公众，但这样的结果无法判定公众是因接受过情感动员而对核电项目有更高的接受度。

表 6-5　公众对当地核电项目的接受度差异（以是否接受过情感动员为比较标准）

是否接受过情感动员	N	均值	标准差	均值的标准误
是	174	5.0	1.7	0.1
否	428	4.6	1.7	0.1

再用独立样本 T 检验的方法来观测是否接受过情感动员这两组样本对核电项目接受度的差异（见表 6-6）。首先是两总体方差是否相等的 F 检验。该检验的 F 统计量的观测值为 0.9，对应的概率 P 值为 0.3。如果显著性水平 α 为 0.05，由于概率 P 值大于 0.05，可以认为两总体的方差没有显著差异。其次是两总体均值的检验。在第一步中，由于两总体方差没有显著差异，因此，应看 T 检验结果。T 统计量的观测

值为 2.8，对应的双侧概率 P 值为 0.005。若显著性水平 α 为 0.05，由于概率 P 值小于 0.05，可以认为两总体的均值有显著差异，即对于政府开展情感动员工作关注的总体均值存在显著差异。

表 6-6　对是否接受过情感动员的两组样本的独立样本 T 检验结果

方差方程的 Levene 检验				均值方程的 t 检验				
		F	Sig.	T	df	Sig.（双侧）	均值差值	标准误差值
公众接受度	假设方差相等	0.9	0.3	2.8	600	0.005	0.4	0.2
	假设方差不相等			2.8	311.7	0.006	0.4	0.2

同样由于自我选择的考虑，我们无法通过描述性统计与独立样本 T 检验来判定情感动员是否提升公众对核电项目的接受度。因此，本书接下来的倾向得分匹配需要找一个“反事实”的控制组，来检验情感动员是否提升公众对核电项目的接受度。

对情感动员的检验，同样采取了最近相邻匹配法作为实验组与对照组匹配的主要方法。图 6-3 为匹配前的实验组与对照组倾向得分分布情况，两者分布存在着较大的偏差。图 6-4 为匹配后的两组新的样本实验组和对照组倾向得分曲线，相比匹配前，曲线的拟合度有较大幅度的提高。

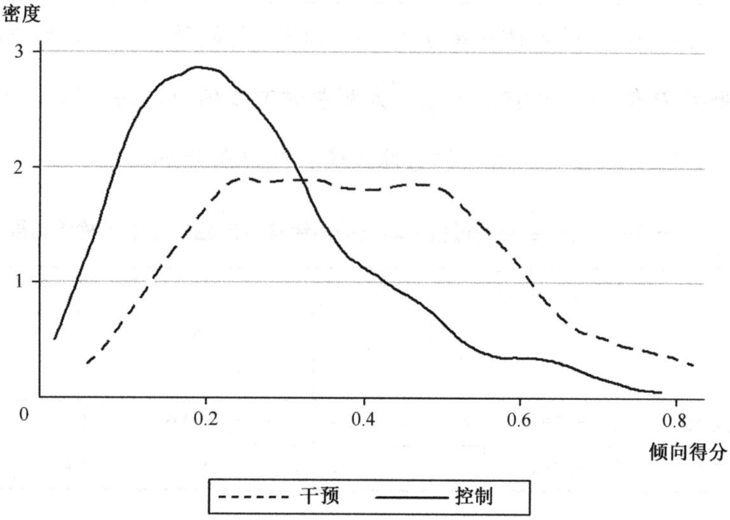

图 6-3　倾向得分估计，匹配前（情感动员）

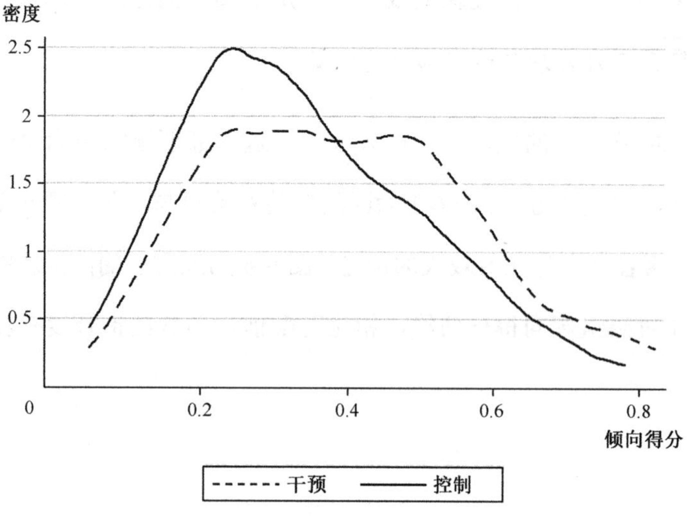

图 6-4　倾向得分估计，匹配后（情感动员）

从匹配前两组样本来看，在情感动员会影响的三个变量（情感、利益感知与风险感知）上，实验组和对照组有着显著的差异，分布并非随机的。匹配后，经过配对调整后的两组样本，一个变量在 95%置信区间内显著（利益感知），其余变量 T 检验均不显著，表明两组数据在关键变量上不存在显著差异（见表 6-7）。可以近似认为，在控制相关变量后，服从倾向得分匹配法的假设。

表 6-7　总体平均干预效应（情感动员）

变量	匹配前			匹配后		
	实验组平均值	对照组平均值	T	实验组平均值	对照组平均值	T
情感	0.014	−0.044	0.212	−0.096	0.337	−1.48
利益感知	0.138	−0.061	2.228**	−0.075	0.158	−2.78***
风险感知	0.232	−0.096	3.791***	0.132	0.151	−0.242

最终得到的匹配分析结果如表 6-8 所示。经过匹配之后，实验组与对照组因是否接受过情感动员而在对当地核电项目接受度方面有较大差异，且在 5%的水平下高度显著。

表 6-8　公众接受度匹配分析结果（情感动员）

样本	实验组	对照组	差异
匹配前	0.502	0.282	0.22
匹配后	0.502	−0.024	0.526**

通过对情感动员进行倾向得分匹配检验之后，我们可以看出，情感动员作为政府与企业开展公众沟通工作的一种政策工具，可以有效

提升公众对核电项目的情感认同，进而提升公众对核电项目的接受度。

第五节　公众参与的沟通效果评估

通过第三章案例研究可以发现，作为公众沟通工作的一种政策工具，公众参与与科普宣传、情感动员采取的方式不同，作用的心理层面也不同。公众参与主要采取问卷调研、集中座谈会、分散搜集公众意见等形式，旨在了解公众观念，加强公众对政府、核电企业、科学家与媒体的信任，进而提升公众对核电项目的接受度。本节通过采取倾向得分匹配法，来检验公众参与是否提升公众对核电项目的接受度。

通过表 6-9 可以看出，参加过公众参与的公众对当地核电项目的接受度均值为 5.3（1 为非常抵制，7 为非常接受），未参加过公众参与的公众对当地核电项目的接受度均值为 4.7。通过这样的描述性分析，我们可以看出，参加过公众参与的公众的接受度均值高于未参加过公众参与的公众，但这样的结果无法判定公众是因参加过公众参与而对核电项目有更高的接受度。

表 6-9　公众对当地核电项目的接受度差异（以是否参加过公众参与为比较标准）

是否参加过公众参与	N	均值	标准差	均值的标准误
是	61	5.3	1.5	0.2
否	540	4.7	1.7	0.1

再用独立样本 T 检验的方法来观测是否参加过公众参与这两组样本对核电项目接受度的差异（见表 6-10）。首先是两总体方差是否相等的 F 检验。该检验的 F 统计量的观测值为 0.03，对应的概率 *P* 值为 0.9。如果显著性水平 α 为 0.05，由于概率 *P* 值大于 0.05，可以认为两总体的方差没有显著差异。其次是两总体均值的检验。在第一步中，由于两总体方差没有显著差异，因此，应看 T 检验结果。T 统计量的观测值为 2.9，对应的双侧概率 *P* 值为 0.004。若显著性水平 α 为 0.05，由于概率 *P* 值小于 0.05，可以认为两总体的均值有显著差异，即对于政府开展公众参与工作关注的总体均值存在显著差异。

表 6-10　对是否参加过公众参与两组样本的独立样本 T 检验结果

方差方程的 Levene 检验				均值方程的 T 检验				
		F	Sig.	T	df	Sig.（双侧）	均值差值	标准误差值
对本地核电站的接受度	假设方差相等	0.03	0.9	2.9	599	0.004	0.7	0.2
	假设方差不相等			3.1	77.6	0.002	0.7	0.2

同样，由于自我选择的考虑，我们无法通过描述性统计与独立样本 T 检验来判定公众参与是否提升公众对核电项目的接受度。因此本书接下来进行倾向得分匹配，需要找一个“反事实”的控制组，来检验公众参与是否提升公众对核电项目的接受度。

对情感动员政策反馈效应的检验，同样采取了最近相邻匹配法作为实验组与对照组匹配的主要方法。图 6-5 为匹配前的实验组与对照组倾向得分分布情况，两者分布存在着较大的偏差。图 6-6 为匹配后的两组新的样本实验组和对照组倾向得分曲线。相比匹配前，曲线的拟合度有较大幅度的提高。

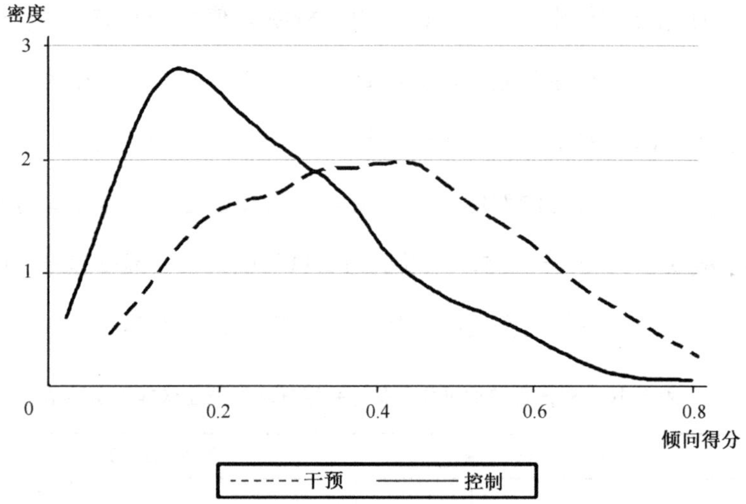

图 6-5 倾向得分估计，匹配前（公众参与）

从匹配前两组样本来看，在公众参与会影响的三个变量（社会信任、利益感知与风险感知）上，实验组和对照组有着显著的差异，分布并非随机的。匹配后，经过配对调整后的两组样本，在 95%置信区间内显著，变量 T 检验均不显著，表明两组数据在关键变量上不存在显著差异（见表 6-11）。可以近似认为，在控制相关变量 X 后，服从倾向得分匹配法的假设。

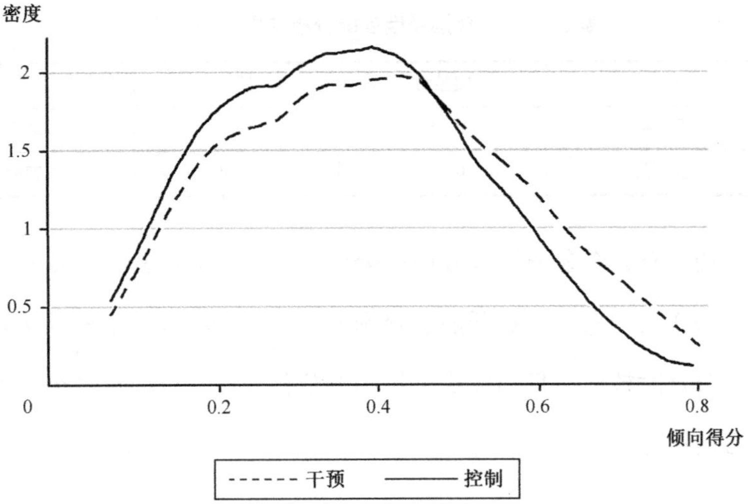

图 6-6　倾向得分估计，匹配后（公众参与）

表 6-11　总体平均干预效应（公众参与）

变量	匹配前			匹配后		
	实验组平均值	对照组平均值	T	实验组平均值	对照组平均值	T
信任	0.221	−0.025	2.093**	0.196	0.325	−1.677
利益感知	0.148	−0.041	2.138**	0.112	0.071	−0.229
风险感知	0.225	−0.086	3.423***	0.037	0.065	0.308

最终得到的匹配分析结果如表 6-12 所示。经过匹配之后，实验组与对照组因是否参加过公众参与而对当地核电项目接受度有较大差异，且在 10%的水平下显著。

表 6-12　公众接受度匹配分析结果（公众参与）

样本	实验组	对照组	差异
匹配前	0.394	0.342	0.052
匹配后	0.394	0.156	0.238*

通过对公众参与进行倾向得分匹配检验之后，我们可以看出，公众参与作为政府与企业开展公众沟通工作的一种政策工具，可以有效提升公众对核电项目相关决策机构的信任程度，进而提升公众对核电项目的接受度。

第七章

公众沟通下的内心认知与外在干预

公众在对核电项目进行内心认知的过程中，也表现出社会人的一面：公众对核电项目的情感认知及社会信任同样会影响公众的接受度，这是经济人假设与理性人假设无法完全解释的。在公众对核电项目进行内心认知的过程中，社会信任发挥作用机制在于：当个人信息资源受到限制而无法做出决定和采取行动时，社会信任起到非常重要的作用。公众对核电项目进行内心认知的过程会受到外部制度环境的影响，并形成政策反馈效果。在后福岛时代，我国开展了多种公众沟通方式来提升公众对核电项目的科学原理、战略意义的认知。公众对核电项目的心理认知并非是完全封闭的，而是受到了外在核电精英展开的公众沟通工作环境的影响。政策反馈的解释效应有利于加强公众对核电项目的情感认同。

本章结合问卷调研之后开展的焦点小组讨论的访谈记录，对本书的实证研究结果进行更多解释，从内心认知和外在干预两个角度对公众沟通工作中的公众观念所表现的特征及其政策启示进行阐述。

第一节　内心认知：经济人还是社会人

在本书的概念模型中，深层心理因素（知识因素、情感因素与社会信任因素）通过表层心理因素（利益感知与风险感知）影响公众对核电项目的接受度。通过对葫芦岛市与汕尾市两个核电站附近 30 千米范围内的公众进行实证研究，本书发现：公众具备的知识水平难以通过利益感知与风险感知对核电项目公众接受度产生影响；公众对核电项目的情感因素可以通过利益感知与风险感知对核电项目公众接受度产生影响；公众对核电项目决策部门的信任可以通过利益感知影响核电项目公众接受度，但是不能通过风险感知影响核电项目公众接受度。那么当公众面对自己居住城市即将出现的核电项目时，我们该如何理解公众的内心认知？为什么情感因素、社会信任因素可以有效影响核电项目公众接受度，而知识因素不能？这其中能反映出怎样的内心认知特点？

不少研究邻避效应的学者曾对公众面对存在潜在风险设施（如核电项目、垃圾处理、化工项目、火车站等）时的心理认知做出解释。

邻避主义的核心观点是：公众反对危险设施选址在自己所在的社区是由于人们本身所具有的自私动机，不愿意承担社会责任，尽管认识到拟建的设施对整个社区有益，但是最好建在别人的社区，而不是“自家后院”。正是由于在风险认知和风险承担上表现出的分裂，使得邻避主义者常常被认为是自私自利的。邻避主义学者对公众的心理认知解释无疑与古典经济学和新古典经济学所强调的经济人假设和理性人假设是一致的。然而本书的数据却显示：尽管距离核电站越近的公众对核电项目的接受度越低，但仍然呈现出较高的接受度：近 50%的受访者接受距离自己很近的当地核电站（0～5 千米），这无疑比西方国家的公众对核电项目的接受度高——这说明我们也无法从经济人视角来解释公众对核电项目的接受度。

经济人假设在经过新古典经济学的发展之后，逐步拓展到其他非经济学的社会科学学科。在管理学、决策科学等学科下，经济人假设衍生出理性人假设，假定所有的决策者都是理性人，且能够获取所有充分并有效的信息进行价值选择，最终运用最佳的决策手段获得决策效果最优化。按照这样的假设，公众在面对核电项目时，应该充分获取核电项目的相关知识与信息并对其进行成本效益分析，进而做出理性的判断。但本书的实证研究发现，公众不会因为知识水平的提升而接受核电项目，而情感、社会信任等非理性因素却在发挥作用。

可见，邻避主义理论所高举的利己假设无法完全解释公众在面对核电项目及其他可能存在风险的设施时的心理认知：我们无法否定公众在心理认知与决策时的利己心态，但在公众缺乏相关知识的时候，其他非利己的因素将会与公众对核电项目的利益感知和风险感知发生交织，影响公众对核电项目的判断。

新经济社会学者对经济人假设提出了猛烈的批评。正如美国经济学家凯里批评的那样，经济人假设只看到了人最基本的动物属性，却没有考虑情感、智慧等其他因素。人们越来越意识到，公众在决策时往往会表现出利他的一面，在纯粹的利益动机发生作用的同时，人们行动的社会空间制度将发生作用，促使公众走向社会人。这种利他的心理动机在本书中表现出公众会因为情感认同与社会信任而接受核电项目。正如笔者在进行问卷调研之后的焦点小组讨论中获取的信息那样：

“我还是很支持徐大堡核电站的……我认为咱们这么大的一个国家要发展，大量的电力供应是必不可少的，现在我们又要治理空气污染，所以像核电这样的新能源，又能够补充电力，还环保，我觉得还是要大力支持国家的发展战略……”

“在核电站工作的那么多人，也住在核电站附近，在政府工作的人也是本地居民，他们都在本地都有家人、朋友。他们都不怕核辐射，所以我想核电站建在咱这儿也应该没啥事……”

“我记得大概十年前村里就来过好多北京的专家，来考察我们村能不能建核电站，当时我就问一个专家，核电站建在这里我们会不会得病，专家说正常核电站工作期间核辐射很小，还不如坐飞机和到医院拍片子的辐射大，后来发生了福岛那事儿，专家还过来解释福岛那事主要是由地震带来的，我从来没听说过我们这儿发生过地震，我觉得专家的意见应该是靠谱的，我也不懂那么多科学知识，还是得听专家的，前段时间中央电视台还放了一些关于核电的介绍，因为核电站就建在我们邻村，我就看得多一些……”

本书并非完全否定以经济人假设为前提的邻避主义在核电项目公众接受度方面的解释力——对核电项目的利益感知与对核电项目的风险感知同样会影响公众对核电项目的接受度。但是公众在对核电项目进内心认知的过程中，也表现出社会人的一面：公众对核电项目的情感认知及社会信任同样会影响公众的接受度，这是经济人假设与理性人假设无法完全解释的。在公众接受核电项目的心理认知过程中，社会信任发挥作用机制在于：当个人信息资源受到限制而无法做出决定和采取行动时，社会信任起到非常重要的作用。已有实证研究指出，当人们不具备大量知识或不了解危险时，可以看到社会信任明显作用于对风险和利益的判断；相反，如果人们了解危险，则可以发现，社会信任与对风险和利益进行判断之间没有明显的关系。

第二节　外在干预：公众走向社会人的可能

为什么情感和社会信任会发生作用？公众对核电项目的接受度能否被外在干预所影响？政府、核电企业与科学家能否成功引导民众观念？本书识别出政府主导开展的核电领域公众沟通工作所采取的政策工具——科普宣传、情感动员与公众参与。在后福岛时代，中国的核电精英们希望通过使用这些政策工具，达到引导民众观念、促使公众接受核电项目的目的。本书通过倾向得分匹配法进行反事实分析，发现情感动员与公众参与这两个政策工具可以提升公众对核电项目的接受度，而科普宣传却难以提升公众对核电项目的接受度。从这样的实证结果可以看出，政府主导开展的核电领域公众沟通工作是可以发生政策效果的，尽管并不是所有的政策工具均有效。

这场始于2013年的公众沟通工作，具有一定的运动式治理的特点，密集地在葫芦岛市与汕尾市开展着。这与西方国家在20世纪80年代兴起的公众理解科学运动相似。西方的公众理解科学运动旨在通过科学普及等手段提升公众的科学知识水平，进而达到公众理解科学与接受科学的目的。西方的科学家们相信，通过自上而下的科普教育，公众可以提升科学素养，也就越来越信任科学家。然而这场公众理解科学运动最终却以失败告终：公众并非因为科普宣传而接受科学，甚至随着对科学了解越多，对科学家的抵制程度越高。

本书的实证分析也印证了上述观点：科普宣传难以有效提升公众对核电项目的接受度。尽管地方政府开展了多种形式的科普宣传，但是公众对核电项目的接受度却不因接受过科普宣传而有所提升。相反，旨在提升公众对核电项目情感认同的情感动员与旨在提升公众社会信任程度的公众参与却有效提升了公众对核电项目的接受度。这一结果与上述对知识、情感与社会信任的结果相互印证，并不难理解。上述实证结果指出，公众对核电项目的接受度依赖于情感与社会信任而非知识，因此科普宣传所发挥的作用有限。公众参与可以有效提升公众对核电项目的社会信任，进而提升公众接受度，也印证了已有研究关于社会信任与核电项目公众接受度的结论。

从政策科学的角度来看，政策反馈理论所提供的政策对公众的解释效应也映衬了这一点。在政策舞台上，行为主体塑造政策产出的同时也被政策（或制度）与政策过程所塑造。同制度主义学者“打开了管理制度黑匣子”一样，政策反馈学者也开始涉入所谓的公共政策“黑匣子”，探索具体政策因素影响普通公众政治行为的方式。政策反馈理论建立在“历史制度主义”理论的基础之上，强调规则、制度形塑政治参与者的观念与行为，在这种理论脉络下，政策不仅有解决政策议题的功能，同时也对人的思想与行为产生作用，形成反馈效应。近期关于政策反馈影响的大部分学术研究都在试图确定并解释政策影响政治进程的机制。梅特勒提出一个描述政策因素影响普通公众参与公民活动积极性的模型，该模型建立在皮尔森资源和解释效应纲要的基础上，核心内容是公众层面的政策反馈机制包括政策资源效应与解释效应。皮尔森明确提出：已颁布的政策能够决定政治精英行为、组织利益及大众态度，而这一目标的实现主要通过解释效应与资源效应这两条途径。解释效应是指因为政策往往传递信息和意义，从而影响政治理解和态度。除通过特定政策向特定群体提供利益外，政策语言和内容也可以给目标群体贴上社会或政治立场。公众在核电项目规划阶段通过接受情感动员，接受核电项目对于国家的战略意义，进而提升了公众对核电项目的接受度。

第三节　研究结论

（1）本书归纳出政府试图影响核电项目公众接受度的三种政策工具：科普宣传、情感动员与公众参与。尽管科普宣传、情感动员与公众参与这三种政策工具往往以相同的形式交织使用且最终的政策目标均为提升公众对核电项目的接受度，但所作用的公众心理及政策初始目标有所不同。科普宣传的政策目标在公众的知识层面，旨在提升公众在核电项目方面的科学素养；情感动员的政策目标在公众的情感心理层面，旨在激发公众的集体主义情怀；公众参与的政策目标在公众的信任心理层面，旨在增强公众对政府、企业、科学家及媒体的信任程度。

（2）在公众对核电项目进行内心认知的过程中，邻避主义所基于的经济人假设难以完全得到验证，情感认知与社会信任等非理性因素发挥着作用。尽管本书发现对核电项目的利益感知与对核电项目的风险感知同样会影响公众对核电项目的接受度。但是在公众对核电项目进行内心认知的过程中，也表现出非理性的一面：公众对核电项目的情感认知及社会信任同样会影响公众的接受度，而公众的知识水平并不显著影响公众对核电项目的接受度，这是经济人假设与理性人假设无法完全解释的。

（3）公众在对核电进行内心认知的过程中，会受到外部制度环境的影响，并形成政策反馈效果。在后福岛时代，我国开展了多种公众沟通方式来提升公众对核电项目的科学原理、战略意义的认知。公众对核电项目的心理认知并非是完全封闭的，而是受到了外在核电精英展开的公众沟通政策环境的影响。政策反馈的解释效应有利于加强公众对核电项目的情感认同，这也是公众对核电项目认知并非完全基于经济人假设的一个重要原因。

（4）不同的政策工具所影响公众对核电项目接受度的效果也有所不同。情感动员与公众参与可以提升公众对核电项目的接受度，然而科普宣传难以有效提升公众对核电项目的接受度。情感动员可以有效提升公众的集体主义价值，加强公众对核电项目的情感认同；公众参与可以提升公众的社会信任程度；而科普宣传却难以提升公众的知识水平进而使其接受核电项目。

第四节　研究创新与研究不足

一、研究创新

本书的主要研究创新点如下：

从研究问题角度，本书在以往对核电项目公众接受度研究的基础上，提出公众观念能否被政府行为所影响的研究问题，进而为识别影响公众接受度的外在制度要素，为丰富理论框架提供了基础。

从研究对象角度，以往研究主要基于对已经运营的核电站附近的公众接受度展开实证研究，然而公众对核电项目的感知往往在规划阶段最为敏感。因此，本书选择葫芦岛市与汕尾市这两个仍处于规划阶段、尚未开工建设的核电项目所在城市进行研究，在一定程度上丰富了已有研究的实证研究对象。

从研究方法的角度，本书在回答公众观念能否被政府行为所影响这一研究问题时，采用了倾向得分匹配法这一反事实分析方法，更加严谨地论证了因果关系。

从研究结论来看，本书强调了政策反馈对公众接受度的影响，突出公众接受度受到外在制度环境影响的可能性，具有一定的开创性。在已有研究的基础上，构建了政策反馈影响公众接受度的解释框架并予以验证，并尝试寻找了公众在对核电项目进行内心认知过程中表现出社会人特征的制度原因。

二、研究不足

本书可能存在的研究不足如下：

从研究方法上看，对于影响核电项目公众接受度的因素，本书通过多元回归、倾向得分匹配强调了研究的内部效度，但仍然存在结构效度不足的可能；对于反事实分析，本书没有做到对公众沟通开展之前的“前测”，只是通过倾向得分进行样本匹配，后续研究仍需要完善方法上的不足，加强因果的解释力。

从数据获取上看，尽管本书在抽样阶段尽可能保证样本的代表性，且在每一个地理范围内保证了概率抽样，但仍然采用了配额的方法对不同地理范围内的公众进行了配额，尤其加强了0～5千米范围的样本量。

本书所关注的核电领域的公众沟通政策仍然属于试验性政策，目前还在部分有核电项目的城市进行试点，属于新生事物。对于这些政策的开展情况及对公众接受度的影响，还需要进一步观察。

本书未来的研究方向可向两方面发展：其一，对不同技术类型进行扩展，探讨不同技术类型下公众接受度影响因素的不同及政府相关干预内容、方式与力度的不同，进而丰富本书提出的“公众观念能否被政府行为所影响”的相关解释结论。其二，通过采用实验法、双差分分析及语义分析多种方法，探讨核电项目公众接受度的影响因素，提升研究的内部效度、外部效度与结构效度。

附录A 调查问卷

调研时间：______月______日______时______分 问卷编号______

公众对核电项目接受度的调查问卷

尊敬的女士、先生：

您好！为更好地了解公众在核电项目选址过程中的关心议题，促进政府更加科学合理、公开透明地进行核电项目选址，清华大学公共管理学院特开展了本次针对公众对核电项目接受度的问卷调查。调查结果仅作为研究用途，并对您提供的所有信息严格保密。您的看法和见解对我们的研究非常重要，**恳请您拨冗填答问卷**。如您填写过程中有需要询问的情况，也请与我们联系：

郭跃 15120091516 电子邮箱：y-guo09@mails.tsinghua.edu.cn

地址：北京市海淀区清华大学公共管理学院 515 室 邮编：100084

1. 您的住址位于________市__________县（县级市、区）__________乡（镇、街道）_____________村（社区）*（此题由调研员完成）*

2．您的住址距离核电站的距离*（此题由调研员完成）*

① 0～5 千米　② 5～15 千米　③ 15～30 千米

3．您在本地连续居住了多长时间？_____年*（此题由调研员完成）*

您是否听说过本地要建设核电站？　是　否*（此题由调研员完成）*

4．您对发展核电项目的接受度是？*（每一个描述只选择一个答案，请在对应数字上打 √）*

题目	完全不接受			中立		完全接受	
我对本地核电项目的接受程度	1	2	3	4	5	6	7
我对本省发展核电项目的接受程度	1	2	3	4	5	6	7
我对中国发展核电项目的接受程度	1	2	3	4	5	6	7

5．以下对核电项目宏观意义的陈述，您的认同度是？*（每一个描述只选择一个答案，请在对应数字上打 √）*

题目	完全不认同			中立		完全认同	
核电项目发展对于中国经济建设具有重要的意义	1	2	3	4	5	6	7
核电项目发展对于中国的低碳转型具有重要的意义	1	2	3	4	5	6	7
核电项目发展对于中国的民生具有重要的意义	1	2	3	4	5	6	7
核电项目发展对于中国的能源供给具有重要的意义	1	2	3	4	5	6	7

6．以下关于核电知识的陈述，您的认同度是？（*每一个描述只选择一个答案，请在对应数字上打✓*）

题目	完全不同意			中立			完全同意
我了解核能发电的基本科学原理	1	2	3	4	5	6	7
我了解核电辐射的风险	1	2	3	4	5	6	7
我了解核电站的运营管理模式	1	2	3	4	5	6	7
我了解历史核事故的发生的原因	1	2	3	4	5	6	7
我了解核事故发生时的应急常识	1	2	3	4	5	6	7

7．以下关于核电项目风险的问题，您的认同度是？（*每一个描述只选择一个答案，请在对应数字上打✓*）

题目	完全不同意			中立			完全同意
在核电站正常运营过程中，我担心自己和家人受到核辐射	1	2	3	4	5	6	7
我担心核泄漏事故会发生在本地	1	2	3	4	5	6	7
如果发生核泄漏事故，将会对本地的环境带来负面影响	1	2	3	4	5	6	7
如果发生核泄漏事故，将会对我的身体带来极大的负面影响	1	2	3	4	5	6	7
任何事情都存在风险，我不排斥核电站修建带来的风险	1	2	3	4	5	6	7

8．以下关于核电项目利益感知的问题，您的认同度是？*（每一个描述只选择一个答案，请在对应数字上打✓）*

题目	完全不同意			中立			完全同意
发展核电项目有益于缓解本地用电紧张	1	2	3	4	5	6	7
发展核电项目有益于缓解本地用电紧张	1	2	3	4	5	6	7
本地发展核电项目可以降低电价	1	2	3	4	5	6	7
本地发展核电项目可以推动本地经济增长	1	2	3	4	5	6	7
本地发展核电项目可以给本地带来更多的就业机会	1	2	3	4	5	6	7

9．在核电项目选址过程中，政府、企业、科学家及媒体均会参与，您对各方的信任度分别是？*（每一个描述只选择一个答案，请在对应数字上打✓）*

题目	完全不信任			中立			完全信任
对政府的信任程度	1	2	3	4	5	6	7
对核电企业的信任程度	1	2	3	4	5	6	7
对科学家的信任程度	1	2	3	4	5	6	7
对媒体的信任程度	1	2	3	4	5	6	7

10．为了提升公众对核电项目的接受度，政府通过开放核电展厅、大篷车宣传宣传、科普宣传品制作发放、开放核电站、媒体宣传等方式展开科普宣传，以下问题是关于您对科普宣传的经历和态度*（每个小题只选择一个答案）*

（1）您是否注意过政府开展的上述科普宣传工作？

① 是 ② 否

如果您在（1）题中选择“是”，请您回答（2）题。

（2）经过开展科普宣传工作，您对徐大堡核电项目的接受程度发生的变化是？

① 更加抵制 ② 没有变化 ③ 更加支持

11．政府在对有关核电项目的科学知识进行宣传的同时，也宣传核电项目对于国家经济发展、低碳转型、能源结构调整等方面的战略意义，以下问题是关于您对政府宣传核电项目的国家战略意义的经历和态度。*（每个小题只选择一个答案）*

（1）您是否注意过政府上述开展的针对核电的国家战略意义的宣传工作，如通过宣传车、媒体、展板等途径进行宣传？

① 是 ② 否

如果您在（1）题中选择“是”，请您回答（2）题。

（2）经过政府宣传核电项目对于国家战略意义，我对核电项目的接受度：

① 更加抵制 ② 没有变化 ③ 更加支持

12．为了了解公众对核电项目建设的看法，搜集公众的建议，政府通过问卷调研、组织座谈会等形式开展公众参与，以下问题是关于您对政府组织公众参与的经历和态度。*（每个小题只选择一个答案）*

（1）您是否以各种形式就核电项目建设参与过讨论，如参加座谈会、被征求意见、向核电企业电话咨询？

① 是 ② 否

如果您在（1）题中选择“是”，请您回答（2）题。

（2）经过参与讨论，您对核电项目的接受度：

① 更加抵制 ② 没有变化 ③ 更加支持

13．您的性别为：

① 男 ② 女

14．您的年龄为：

① 未满 18 岁 ② 18～24 岁 ③ 25～34 岁 ④ 35～44 岁

⑤ 45～54 岁 ⑥ 55～64 岁 ⑦ 65～74 岁 ⑧ 75 岁及以上

15．您的教育程度为：

① 小学及小学以下 ② 初中 ③ 高中（含中专） ④ 大专

⑤ 本科 ⑥硕士 ⑦ 博士

16．您的年收入为：

① 10000元及以下 ② 10000～30000元 ③ 30000～50000元

④ 50000～80000元 ⑤ 80001～120000元 ⑥ 120001及以上

17．您是否在核电站工作或从事与之有业务联系的工作：

① 是 ② 不是

18．您是否有亲友在核电站工作或从事与之有业务联系的工作：

① 是 ② 不是

19．您的工作单位性质是：

① 政府 ② 国有企业 ③ 民营企业 ④ 外资企业

⑤ 事业单位 ⑥ 务农 ⑦ 个体商户 ⑧ 无业 ⑨ 其他

20．您的政治面貌是：

① 中共党员 ② 民主党派与无党派人士 ③ 共青团员 ④ 群众

21．您是城镇居民还是农村居民：

① 城镇 ② 农村

22．您家平均每月支付的电费大致为

① 50 元以下 ② 50～100 元 ③ 100～150 元

④ 150～200 元 ⑤ 200～250 元 ⑥ 250～300 元

⑦ 300～350 元 ⑧ 350～400 元 ⑨ 400～450 元

⑩ 450～500 元 ⑪ 500 元以上

请调研员完成以下问题：

1．访谈前受访者是否有下列情形？（*可多选*）

① 表示自己太忙，无法受访

② 表示对调研内容不感兴趣

③ 表示不信任调查访问或对调研结果的用途有疑虑

④ 对调查单位或访员身份有疑虑

⑤ 有家人或其他人反对受访者接受调研

⑥ 无前述情形

2．受访者认真程度：

① 不认真 ② 尚可 ③ 认真

3．受访期间受访者是否受到打扰？

① 是 ② 否

4．受访过程是否曾经中断？

① 是 ② 否

5．受访者是否能够清晰明白问卷中题目和选项的含义？

① 是 ② 否，哪些题项存在问题________________

6．您认为受访者回答问题的可信程度是：

① 大部分不可信 ② 有些不可信 ③ 基本可信 ④ 很可信

附录B　访谈提纲

调研单位：清华大学公共管理学院

调研人员：郭跃

调研用途：学术研究

调研主题：政府与核电企业提升公众对核电项目接受度、开展公众沟通的方式与内容

调研形式：访谈

调研提纲：

1. 在进行公众沟通、推动公众接受核电项目的过程中，政府与企业如何实现合作与分工？

2. 在上述过程中，地方政府与核电企业的职责分别是什么？

3. 在规划、建设本地核电项目的过程中，核电集团推动公众接受核电项目的途径、措施有哪些？

4. 您认为哪些政策措施或企业行为能够影响公众对核电技术的观念，进而提升公众对核电项目的接受度？哪些措施效果比较好？哪些

效果一般？

5. 目前本地公众对核电项目的接受度总体情况如何？经过政府与企业进行公众沟通，是否显著提升？

6. 在核电项目规划、建设和运营过程中，公众表达自身利益诉求的途径和方式有哪些？目前公众参与核电项目讨论的途径有哪些？

7. 您认为在公众沟通过程中，哪些工作（哪个环节）比较困难？

8. 您认为在已有工作中，公众沟通与提升公众接受度积累了哪些经验？

9. 您认为在核电项目的规划、建设和运营三个不同的环节中，公众沟通工作开展的内容与方式应有何不同？

10. 从政府的角度谈核电项目对本地发展的推动或是带来的问题。

附录C　焦点小组讨论提纲

主持人围绕以下问题组织讨论：

1. 您如何看待本地核电站？在本地核电站建设过程中，您最关心哪些方面？

2. 您是否认为本地核电站对当地发展与居民生活水平带来经济影响？您认为有哪些影响？

3. 是否担心本地核电站将来会存在核辐射的风险？为什么担心或者不担心？日本福岛核泄漏事故之后，您有担心过附近的核电站也会发生核泄漏事故么？

4. 您如何看待上述核电领域政府公众沟通工作如何看待？这些公众沟通工作能否提升您对核电项目的接受度？为什么？

5. 您经历过哪些公众沟通？您认为哪些工作（科普宣传、信息公开、利益激励、情感动员、公众参与）最能影响您的观点？并请您排序（并询问一下受访者为什么这么排序）。如果赋予您参与决策的权力，您对核电项目的接受度会更高么？

6. 您认为在有关核电信息的知识来源中（政府、核电企业、科学家、亲友、媒体等），哪些来源比较值得信任？为什么？

7. 您最关心本地核电站的未来建设及运营中的哪些方面？

8. 您对政府和企业开展的核电项目公众沟通有何建议？

后　记

自 16 世纪科学革命以来，推动科学技术服务于人类福祉，一直是无数科学工作者毕生的追求与梦想。然而，受各种复杂因素的影响，科学技术始终如同一把“双刃剑”。正如英国著名科学家、科学学的开创者和奠基人贝尔纳在其著作《科学的社会功能》中所说：“科学技术的发展本身既为我们揭开了改善人类生活的前景，也为我们开辟了毁灭人类的可能性”。科学技术的进步在推动生产力发展、给人们生活带来便利的同时，也让人类饱尝两极分化、社会摩擦、生态破坏、伦理失范之苦。历史上，每一种变革性科学技术的出现，都会在一定时期内给人类社会带来强烈的不适感。从蒸汽时代到电气时代、信息时代，再到我们即将迈入的智能时代，如何避免科学技术的负效应，建设有人文温度的科技社会，推动科学技术发展与社会进步两翼齐飞，一直是人类社会亘古不变的命题。在过去几年里，无论是在政府、产业界、学术界还是在媒体界，“科技向善”成为一个流行词汇。我认为，“科技向善”的最终目标，就是人类价值与社会福祉的最大化；

公共政策是实现“科技向善”的重要保障。作为一名从事公共管理与公共政策研究的大学教师，“科学技术”“公共政策”与“人”始终是我开展教学科研的三个核心关键词。探索“科学技术”、“公共政策”与“人”之间的关系，也成为我过去与未来学术生涯的主线。

本书源于我的博士学位论文。自2009年开始，我在苏竣教授的指导下开始了在清华大学公共管理学院研究生阶段的学习。作为一名通过公共管理学科研究科技创新的资深专家，苏竣教授所强调的“科技创新中人的价值与制度的作用”的学术思想对我产生了深刻的影响。在苏竣教授的指导与帮助下，我聚焦在核电领域的公众接受度这一选题。这项研究从选题到成文再到成书，离不开苏竣教授的指导与支持，在此，向苏竣教授表示由衷的感谢！

这项研究的开展离不开诸位公共管理学术界的前辈。由衷感谢薛澜、陈振明、丁煌、巫永平、朱旭峰、刘志林、梅赐琪、戴亦欣、陈玲等老师的指导；也感谢哈佛大学肯尼迪政府学院的Matthew Bunn、Hui Zhang、Martin Malin、Henry Lee及剑桥大学Laura Diaz Anadon等教授与学者的帮助；特别感谢苏竣教授团队中的何晋秋、邵立勤（已故）、汝鹏、黄萃、张汉威、夏迪、徐磊、李彰、任弢、魏钰明、廉威等老师与同学的大力支持。

这项研究得以顺利开展，离不开中央与地方有关部门的政策实践者与核电产业界同仁的支持。我有幸先后数次访谈了国家核安全局、辽宁省与广东省等地方政府相关部门的政策实践者，以及中国核工业集团有限公司、中国广核集团有限公司等有关产业界的实践者。他们不仅为我的研究提供了鲜活的政策实践素材，也为我开展调研提供了诸多便利，在此表示由衷的感谢。

借此机会，我也感谢北京师范大学政府管理学院章文光、于海波、耿骞、孙宇、李秀峰、王洛忠、果佳、连宏萍、郭智芳、鲍慧杰、吴学敏与潘攀等领导与同事；也感谢我的学生何林晟与洪婧诗在文字校对、排版与文献整理等工作上的帮助。作为精神家园，“京师政管”为我继续在该领域开展研究提供了宽松的环境，也直接推动了这项研究以专著的形式呈现。

同时也要感谢电子工业出版社的赵云峰先生、刘声峰先生与本书的责任编辑杨雅琳女士，他们专业、认真的工作确保了本书的质量。

在本项研究开展过程中，得到了国家自然科学基金青年项目（编号：71804015）、国家自然科学基金国际（地区）合作与交流项目（编号：71520107005）的资助，也在此表示感谢！

1931 年，伟大的科学家、思想家爱因斯坦在对加利福尼亚理工学院发表的演讲中呼吁：“关心人的本身，应当始终成为一切技术上的奋斗的主要目标……以保证我们科学思想的成果会造福于人类，而不至于成为祸害。”89 年过去了，爱因斯坦的呼声历久弥新，依然在时刻提醒着每一位后来人。历史的车轮滚滚向前，科技的发展日新月异。时代在变，但广大科学工作者以创新推动人类福祉的初心不会改变，致力于在以知识增进人民福祉中实现人生价值。

郭　跃

2020 年 2 月 18 日

农历庚子年正月廿五

参考文献

[1] Alhakami A. S. , P. Slovic. A Psychological Study of the Inverse Relationship Between Perceived Risk and Perceived Benefit [J]. Risk Analysis, 1994(14): 1085-96.

[2] Almond G.. The American People and Foreign Policy [M]. New York: Praeger, 1950.

[3] Armour A.. The Not-In-My-Backyard Syndrome [M]. Downsview, Ontario, Canada: York University Press, 1984.

[4] Baron Reuben M. , David A. Kenny. The Moderator - Mediator Variable Distinction in Social Psychological Research: Conceptual, Strategic, and Statistical Considerations [J]. Journal of Personality and Social Psychology 51.6 (1986): 1173.

[5] Bord R. J. , R. E. O'Connor. Risk Communication, Knowledge, and Attitudes: Explaining Reactions to a Technology Perceived as Risky [J]. Risk Analysis, 1990(10): 499-506.

[6] Bord Richard J. , Robert E. O'Connor. Determinants of Risk Perceptions of a Hazardous Waste Site [J]. Risk Analysis, 1992, 12(3): 411-416.

[7] Brookhart M. A. , Schneeweiss S., Rothman K. J. , Glynn R. J. , Avorn J. , Stiirmer T.. Variable Selection for Propensity Score Models [J]. American Journal of Epidemiology, 2006, 163(12):1149-1156.

[8] Bruch Sarah K., Myra Marx Ferree, Joe Soss. From Policy to Polity: Democracy, Paternalism, and the Incorporation of Disadvantaged Citizens [J]. American Sociological Review, 2010, 75(2): 205-226.

[9] Buchanan J. M., Tullock G.. The Calculus of Consent: Logical Foundations of Constitutional Democracy [M]. Ann Arbor: University of Michigan Press, 1965.

[10] Campbell Andrea Louise. Self-Interest, Social Security, and the Distinctive Participation Patterns of Senior Citizens [M]. American Political Science Review, 2002, 96(3): 565-574.

[11] Cohen M. D., March J. G. , Olsen J. P..A Garbage Can Model of Organizational Choice [M]. Administrative Science Quarterly, 1972, 17(1):1-25.

[12] Culley M. R., E. Ogley-Oliver , A. D. Carton, et al.. Media Framing of Proposed Nuclear Reactors: An Analysis of Print Media [J]. Journal of Community and Applied Social Psychology, 2010(20): 497-512.

[13] Dahl Robert A.. Polyarchy: Participation and Opposition [M]. New Haven, CT: Yale University Press, 1971.

[14] Downs A.. An Economic Theory of Political Action in a Democracy [J]. The Journal of Political Economy, 1957, 65(2):135-150.

[15] Durant J.. Participatory Technology Assessment and the Democratic Model of the Public Understanding of Science [J]. Science and Public Policy, 1999, 26(5):313-319.

[16] Dye T. R.. Understanding Public Policy [M]. Englewood Cliffs, NJ: Prentice Hall, 1992.

[17] Earle T.C., Siegrist M., Gutscher H.. Trust, Risk Perception, and The TCC Model of Cooperation [J]. Earthscan, London, 2007: 1-49.

[18] Earle Timothy C.. Trust in Cooperative Risk Management: Uncertainty and Scepticism in the Public Mind [M]. Routledge, 2012.

[19] Easton David.. An Approach to the Analysis of Political Systems [J]. World Politics, 1957, 9(5): 383-400.

[20] Edelstein M.. Contaminated Communities: The Social and Psychological Impacts of Residential Toxic Exposure Boulder [M]. Westview Press, 1988.

[21] Edelstein Michael R.. Sustainable Innovation and the Siting Dilemma: Thoughts on The Stigmatization of Projects and Proponents, Good and Bad [J]. Journal of Risk Research, 2004, 7(2):233-50.

[22] Edwards Jeffrey R., Lisa Schurer Lambert. Methods for Integrating Moderation and Mediation: A General Analytical Framework Using Moderated Path Analysis [J]. Psychological Methods, 2007, 12(1): 1.

[23] Esping-Andersen Gosta. The Three Worlds of Welfare Capitalism [M]. John Wiley and Sons, 2013.

[24] European Commission. Energy Technologies: Knowledge, Perception, Measures [R]. 2007.

[25] Evans G., Durant J.. The Relationship Between Knowledge and Attitudes in The Public Understanding of Science in Britain [J]. Public Understanding of Science, 1995, 4(1), 57-74.

[26] Fang X.. Local People's Understanding of Risk from Civil Nuclear Power in The Chinese Context [J]. Public Understanding of Science, 2014(23): 283-298.

[27] Felt U.. Why Should the Public Understand Science[C]// Historical Perspective on Aspects of the Public Understanding of Science Between Understanding and Trust: The Public, Science and Technology. Edited by Dierkes M., Grote C. von. Amsterdam: Harwood Academic Pubishers, 2000: 7-38.

[28] Finucane M. L., Alhakami A., Slovic P., et al.. The Affect Heuristic in Judgments of Risks and Benefits[J]. Journal of Behavioral Decision Making, 2000, 13(1):1-17.

[29] Fiorina Morris P.. Retrospective Voting in American National Elections [M]. New Haven, CT: Yale University Press, 1981.

[30] Fleming D. J.. Learning from Schools: School Choice, Political Learning, and Policy Feedback [J]. Policy Studies Journal, 2014, 42(1): 55-78.

[31] Flynn J., W. Burns, C. K. Mertz, P. Slovic. Trust as a Determinant of Opposition to a High-Level Radioactive Waste Repository: Analysis of a Structural Model [J]. Risk Analysis, 1992(12): 417-429.

[32] Forester J.. Bounded Rationality and The Politics of Muddling Through [J]. Public Administration Review. 1984:44 (1): 23-31.

[33] Gallagher K. S., Holdren J. P., Sagar A. D.. Energy-Technology Innovation [J]. Annual Review of Environment and Resources, 2006:193-237.

[34] Gamson W. A., Modigliani A.. Media Discourse and Public Opinion on Nuclear Power: A Constructionist Approach [J]. American Journal of Sociology, 1989(95): 1-37.

[35] Gervers John H.. The NIMBY Syndrome: Is It Inevitable? [J] Environment: Science and Policy for Sustainable Development, 1987, 29(8):18-43.

[36] Goodnow F. J.. Politics and Administration: A Study in Government [M]. London: Transaction Publishers,1900.

[37] Granovetter, Mark. Economic Action and Social Structure: the Problem of Embeddedness [J]. American Journal of Sociology, 1985:481-510.

[38] Greenberg M.. Energy Sources, Public Policy, and Public Preferences: Analysis of US National and Site-Specific Data [J]. Energy Policy, 2009(37): 3242-3249.

[39] Gregory R., H. Kunreuther, D. Easterling, K. Richards. Incentives Policies to Site Hazardous Waste Facilities [J]. Risk Analysis, 1991, 11(4):667-75.

[40] Groothuis Peter A., Gail Miller. The Role of Social Distrust in Risk-Benefit Analysis: A Study of The Siting of a Hazardous Waste Disposal Facility [J]. Journal of Risk and Uncertainty, 1997, 15(3):241-57.

[41] Gusmano M. K., M. Schlesinger, T. Thomas. Policy Feedback and Public Opinion: The Role of Employer Responsibility in Social Policy [J]. J Health Polit Policy and Law, 2002(27): 731-72.

[42] Guston D.H.. Between Politics and Science: Assuring the Integrity and Productivity of Research [M]. London: Cambridge University Press, 2000.

[43] Hall Peter A.. Governing the Economy: The Politics of State Intervention in Britain and France [M]. New York: Oxford

University Press, 1986.

[44] He G., A. P. J. Mol, L. Zhang, Y. Lu. Public Participation and Trust in Nuclear Power Development in China [J]. Renewable and Sustainable Energy Reviews, 2013(23): 1-11.

[45] Hmelo-Silver C. E.. Problem-Based Learning: What and How Do Students Learn? [J] Educational Psychology Review, 2004(16): 235-266.

[46] Ho J. C., S. F. Kao, J. D. Wang, C. T. Su, C. T. Lee, R. Y. Chen, H. L. Chang, M. C. Ieong, P. W. Chang. Risk Perception, Trust, and Factors Related to A Planned New Nuclear Power Plant in Taiwan After the 2011 Fukushima Disaster [J]. Journal of Radiological Protection, 2013(33): 773-89.

[47] Howlett M., Ramesh M., Perl A.. Studying Public Policy: Policy Cycles and Policy Subsystems [M]. Oxford: Oxford University Press, 1995.

[48] Huang L., Y. Zhou, Y. Han, et al.. Effect of the Fukushima Nuclear Accident on the Risk Perception of Residents near a Nuclear Power Plant in China [J]. Proceedings of The National Academy of Sciences, 2013(110): 19742-19747.

[49] Jacobs A. M., Weaver R. K.. When Policies Undo Themselves: Self - Undermining Feedback as a Source of Policy Change [J]. Governance, 2015, 28(4): 441-457.

[50] Jungermann H., Pfister H. R., Fischer. Credibility, Information

Preferences, and Information Interests [J]. Risk Analysis, 1996(16): 251-261.

[51] Kasperson J. X., R. E. Kasperson, N. Pidgeon, P. Slovic. The Social Amplification of Risk: Assessing Fifteen Years of Research and Theory [M]// The Social Amplification of Risk, Edited By N. Pidgeon and R.E.Kasperson. Cambridge: Cambridge University Press. 2003.

[52] Kraft Michael E., Bruce B. Clary. Citizen Participation and the NIMBY Syndrome: Public Response to Radioactive Waste Disposal [J]. Political Research Quarterly, 1991, 44(2):299-328.

[53] Kreitzer R. J., Hamilton A. J., Tolbert C. J.. Does Policy Adoption Change Opinions on Minority Rights? The Effects of Legalizing Same-Sex Marriage [J]. Political Research Quarterly, 2014, 67(4): 795-808.

[54] Kunreuther Howard, Douglas Easterling. The Role of Compensation in Siting Hazardous Facilities [J]. Journal of Policy Analysis and Management, 1996, 15(4):601-22.

[55] Kunreuther Howard, Douglas Easterling. Are Risk-Benefit Tradeoffs Possible in Siting Hazardous Facilities? [J] The American Economic Review, 1990, 80(2):252-256

[56] Lambright W. H.. Government and Science: A Troubled, Critical Relationship and What Can Be Done About It [J]. Public Administration

Review, 68(1): 5-18.

[57] Lindblom C.. The Science of Muddling Through [J]. Public Administration Review, 1959(19): 120-128.

[58] Lindblom C.. Politics and Markets [M]. New York: Basic Books, 1977.

[59] Lindell M. K., R. W. Perry. Effects of The Chernobyl Accident on Public Perceptions of Nuclear Plant Accident Risks [J]. Risk Anal, 1990(10): 393-9.

[60] Lowi Theodore J.. American Business, Public Policy, Case Studies, and Political Theory [J]. World Politics, 1964, 61(4): 677-715.

[61] Mackinnon David Peter. Introduction to Statistical Mediation Analysis [M]. Routledge, 2008.

[62] Mettler S.. Bringing The State Back in to Civic Engagement: Policy Feedback Effects of The GI Bill for World War II Veterans [J]. American Political Science Review, 2002, 96(02): 351-365.

[63] Mettler S.. Soldiers To Citizens: the GI Bill and the Making of the Greatest Generation [M]. Oxford University Press, 2005.

[64] Mettler Suzanne, Joe Soss. The Consequences of Public Policy for Democratic Citizenship: Bridging Policy Studies and Mass Politics [J]. Perspectives on Politics, 2004, 2(1): 55-73.

[65] Morris P.. Retrospective Voting in American National Elections [M].

New Haven, CT: Yale University Press, 1981.

[66] Neidhardt F.. The Public as a Communication System [J]. Public Understanding of Science, 1993, 2(4): 339-350.

[67] Nelkin D.. Controversy: Politics of Technical Decisions [M]. Beverly Hills, Calif.: Sage Publications, 1984.

[68] Nunnally J. C.. Psychometric Theory [M]. New York, NY: Mcgraw-Hill, 1978.

[69] Page B. I, Shapiro R. Y.. The Rational Public: Fifty Years of Trends in Americans' Policy Preferences [M]. Chicago, IL: University of Chicago Press, 1992.

[70] Page Benjamin, Robert Y. Shapiro. The Rational Public and Democracy. Reconsidering the Democratic Public [M]. Cambridge University Press, 1993: 35-64.

[71] Pierson P.. When Effect Becomes Cause: Policy Feedback and Political Change [M]. Cambridge University Press, 1993:595-628.

[72] Pierson Paul. Politics In Time: History, Institutions, and Social Analysis [M]. Chicago: Princeton University Press, 2004.

[73] Prati G., B. Zani. The Effect of The Fukushima Nuclear Accident on Risk Perception, Antinuclear Behavioral Intentions, Attitude, Trust, Environmental Beliefs, and Values [J]. Environment and Behavior, 2013(45): 782-798.

[74] Lambright W. H.. Government and Science: A Troubled, Critical Relationship and What Can Be Done About It [J]. Public Administration Review, 2008, 68(1): 5-18.

[75] Rosenbaum P. R., Rubin D. B.. Reducing Bias in Observational Studies Using Subclassification on the Propensity Score [J]. Journal of the American Statistical Association, 1984, 79(387): 516-524.

[76] Rosenbaum P. R., Rubin D. B.. The Central Role of the Propensity Score in Observational Studies for Causal Effects [J]. Biometrika, 1983, 70(1): 41-55.

[77] Royal Society. The Public Understanding of Science [M]. London: Royal Society, 1985.

[78] Electra Savvanidou, Efthimios Zervas, Konstantinos P. Tsagarakis. Public Acceptance of Biofuels[J]. Energy Policy, 38(7):3482-3488.

[79] Schattschneider E. E.. Politics, Pressure, and the Tariff [M]. New York: Prentice Hall, 1935.

[80] Schneider A. L., Ingram H. M.. Policy Design for Democracy [M]. Lawrence, KS: University Press Of Kansas, 1997.

[81] Schneider Anne, Helen Ingram. Social Construction of Target Populations: Implications for Politics and Policy [J]. American Political Science Review, 1993(87): 334-347.

[82] Siegrist Michael, George Cvetkovich. Perception of Hazards: The

Role of Social Trust and Knowledge [J]. Risk Analysis 2000, 20(5): 713-720.

[83] Siegrist Michael, George Cvetkovich, Claudia Roth. Salient Value Similarity, Social Trust, and Risk/Benefit Perception [J]. Risk Analysis 2000, 20(3): 353-362.

[84] Simon H. A.. A Behavioral Model of Rational Choice [J]. The Quarterly Journal of Economics, 1955, 69(1):99-118.

[85] Skocpol Theda, Vanessa Williamson. The Tea Party and the Remaking of Republican Conservatism [M]. New York: Oxford University Press, 2012.

[86] Slovic P.. Perception of Risk [J]. Science, 1987(236):280-285.

[87] Soss J., D. P. Moynihan. Policy Feedback and the Politics of Administration[J]. Public Administration Review, 2014(74): 320-332.

[88] Stoutenborough J. W., S. G. Sturgess, A. Vedlitz. Knowledge, Risk, and Policy Support: Public Perceptions of Nuclear Power [J]. Energy Policy, 2013(62): 176-184.

[89] Tversky A.. Kahneman D.. Judgment Under Uncertainty: Heuristics and Biases [J]. Science, 1974, 185(4157): 1124-1131.

[90] Tversky A., Elimination By Aspects: A Theory of Choice [J]. Psychological Review, 1972, 79(4): 281-299.

[91] Verplanken, Bas. Beliefs, Attitudes, and Intentions Toward Nuclear Energy Before and After Chernobyl in a Longitudinal Within-Subjects Design [J]. Environment and Behavior, 1989, 21(4): 371-392.

[92] Vesla M., Amy E. Lerman. Political Consequences of The Carceral State [J]. American Political Science Review, 2010, 104(4): 817-833.

[93] Visschers V. H. M., M. Siegrist. How a Nuclear Power Plant Accident Influences Acceptance of Nuclear Power: Results of A Longitudinal Study Before and After The Fukushima Disaster [J]. Risk Analysis, 2013(33): 333-347.

[94] Visschers V. H. M., C. Keller, M. Siegrist. Climate Change Benefits and Energy Supply Benefits as Determinants of Acceptance of Nuclear Power Stations: Investigating an Explanatory Model [J]. Energy Policy, 2011(39): 3621-3629.

[95] Wei M., S. Patadia, D. M. Kammen. Putting Renewables and Energy Efficiency to Work: How Many Jobs Can the Clean Energy Industry Generate in the US? [J] Energy Policy, 2010(38): 919-931.

[96] Whitfield S. C., E. A. Rosa, A. Dan, T. Dietz. The Future of Nuclear Power: Value Orientations and Risk Perception [J]. Risk Analysis, 2009(29): 425-437.

[97] Wynne B.. Misunderstood Misunderstanding: Social Identities and Public Uptake of Science [J]. Public Understanding of Science, 1992, 1(3): 281-304.

[98] Yin R.. Case Study Research: Design and Methods (3rd Edition) [M]. Thousands Oaks: Sage Publications, 2003.

[99] Yuan Ying, David P. Mackinnon. Bayesian Mediation Analysis [J]. Psychological Methods, 2009, 14(4): 301.

[100] Zajonc Robert B.. Feeling and Thinking: Preferences Need No Inferences [J]. American Psychologist 1980, 35(2): 151.

[101] 陈玲. 制度，精英与共识：中国集成电路产业政策过程研究[D]. 北京：清华大学博士学位论文，2005.

[102] 陈钊. 孔吉宏，耿明奎. 广东省核电公众接受性的研究[J]. 中国电力教育，2009（2）：134-137.

[103] 邓春玲. “经济人”与“社会人”——透析经济学两种范式的人性假定[J]. 山东经济，2005，21（2）：5-8.

[104] 菲尔特. 为什么公众要“理解”科学——对公众理解科学各个侧面的历史透视[M]//克劳迪娅·冯·格罗特. 在理解与信赖之间：公众、科学与技术. 北京：北京理工大学出版社，2006.

[105] 郭巍青. 政策制定的方法论：理性主义与反理性主义[J]. 中山大学学报（社会科学版），2003（2）.

[106] 郭跃，汝鹏，苏竣. 科学家与公众对核能技术接受度的比较分析——以日本福岛核泄露事故为例[J]. 科学学与科学技术管理，2012（2）：153-158.

[107] 胡永远，周志凤. 基于倾向得分匹配法的政策参与效应评估[J]. 中国行政管理，2014（1）：23.

[108] 蒋劲松. 从科学走向民主——读《在理解与信赖之间》[J]. 民主与科学，2006(1).

[109] 孔繁斌. 政治动员的行动逻辑——一个概念模型及其应用[J]. 江苏行政学院学报，2006（5）：79-84.

[110] 蓝志勇. 谈谈公共政策的决策理性[J]. 中国行政管理，2007（8）.

[111] 李斌. 政治动员及其历史嬗变：权力技术的视角[J]. 南京社会科学，2009（11）：71-76.

[112] 莫里斯，缪勒. 社会运动理论的前沿领域[M]. 刘能，译. 北京：北京大学出版社，2002.

[113] 莫洛・F. 纪廉等. 新经济社会学：一门新兴学科的发展[M]. 姚伟，译. 北京：社科文献出版社，2006.

[114] 汝鹏，苏竣. 科学家在中国科技决策中的影响力研究——以 863 计划为例[J]. 中国软科学，2010（10）.

[115] 时振刚等. 核电的公众接受性研究[J]. 中国软科学，2000（8）：71-75.

[116] 苏竣. 公共科技政策导论[M]. 北京：科学出版社，2014.

[117] 托马斯·R. 戴伊. 理解公共政策[M]. 谢明，译. 北京：中国人民大学出版社，2011.

[118] 汪映荣. 核电前期工作指南[M]. 北京：中国电力出版社，2012.

[119] 温忠麟，侯杰泰，张雷. 调节效应与中介效应的比较和应用[J]. 心理学报，2005（23）：268-274.

[120] 温忠麟，刘红云，侯杰泰.调节效应和中介效应分析[M]. 北京：科学教育出版社，2012.

[121] 温忠麟，张雷，侯杰泰. 有中介的调节变量和有调节的中介变量[J]. 心理学报，2006，38（3）：448-452.

[122] 杨波.公众核电风险的认知过程及对公众核电宣传的启示[J]. 核安全，2013（5）：55-59.

[123] 杨春学. 经济人与社会秩序分析[M]. 上海：上海三联书店，上海人民出版社，1998.

[124] 杨立雄."经济人"还是"社会人"——经济学方法论的个体主义与整体主义之争[J]. 经济评论，2002（5）：85-87.

[125] 约翰·W. 克雷斯威尔. 研究设计与写作指导：定性定量与混合研究的路径[M]. 重庆：重庆大学出版社，2007.